Introdução às Linguagens Totalitárias

Coleção Estudos
Dirigida por J. Guinsburg

Equipe de realização – Tradução: Fábio Landa e Eva Landa; Edição de Texto: Luiz Henrique Soares; Revisão: Tiago José Risi Leme; Sobrecapa: Sergio Kon; Produção: Ricardo W. Neves, Sergio Kon e Raquel Fernandes Abranches.

Jean-Pierre Faye

INTRODUÇÃO ÀS LINGUAGENS TOTALITÁRIAS
TEORIA E TRANSFORMAÇÃO DO RELATO

Título do original francês:
Introduction aux langages totalitaires
© 2003, Hermann, Éditeurs de Sciences et des Arts

Dados Internacionais de Catalogação na Publicação (CIP)
(Câmara Brasileira do Livro, SP, Brasil)

Faye, Jean-Pierre
Introdução às linguagens totalitárias : teoria e transformação do
relato / Jean-Pierre Faye; [tradução Fábio Landa e Eva Landa].
– São Paulo : Perspectiva, 2009. – (Coleção Estudos; 261 /
dirigida por J. Guinsburg)

Título original: Introduction aux langages totalitaires:
théorie et transformations du récit.
ISBN 978-85-273-0847-2

1. Análise do discurso – Narrativa 2. Ideologia e
linguagem 3. Nacional, nacionalista – Linguagem 4. Política
– Linguagem I. Guinsburg, J. II. Título. III. Série.

09-00378   CDD-320.014

Índices para catálogo sistemático:

1. Discurso político : Linguagem : Ciência política   320.014

Direitos reservados em língua portuguesa à
EDITORA PERSPECTIVA S.A.

Av. Brigadeiro Luís Antônio, 3025
01401-000 São Paulo SP Brasil
Telefax: (011) 3885-8388
www.editoraperspectiva.com.br

2009

Sumário

O CÍCLOTRON GÖRING E AS LINGUAGENS
DO ESTADO TOTAL XIII

PRÓLOGO XXIII

Parte I
TEORIA DO RELATO

  1. A NARRAÇÃO 5

    O Efeito Mably 9
    A Mudança 11
    Luta de Classes, *Luta de Raças* 13
    O Enunciado Narrativo: *Mythos* contra *Logos* 15
    Relato Mítico, Narração Crítica 18

  2. CRÍTICA DA RAZÃO NARRATIVA 21

    O Texto do Relato 23
    Transformações Narrativas e Ação 27

Relato Ideológico 30
Efeito da Forma 32

3. CRÍTICA DA ECONOMIA NARRATIVA 35

Circulação: Sinais Econômicos, Relatos Ideológicos... 38
A Máscara 39

Parte II:
INTRODUÇÃO ÀS LINGUAGENS TOTALITÁRIAS

1. O ESTADO TOTAL 47

Jovens-conservadores e Nacional-revolucionários...... 54
A Fórmula 55
Vontade Totalitária 56

2. A REVOLUÇÃO CONSERVADORA 63

A Antítese e a Fórmula 66
Linguagens, Corpos Sociais: Relato Sociológico 70
Versões 73
Polaridade 75

3. O ENTRECRUZAMENTO 79

A Inversão 84
Topologia da Peste 87
Revoluções Retrógradas 89

DOCUMENTOS DE LINGUAGEM 97

Völkische Totalität e *Rassebegriff* contra *Totale Staat*... 97
A Recusa do *Estado Totalitário* na Ideologia Nazista.. 99
Estado Totalitário e Doutrina do Fascismo 100
A Justiça no Estado Totalitário..................................... 100
Raça e Direito 101
O Estado por Excelência 102
O Estado Total *Völkisch*... 103
Ditadura Total... 104

O Conceito 104
Filosofia do Nacional-Socialismo, Filósofos
Competentes 105

Parte III:
PARA UMA NARRÁTICA GERAL

1. POÉTICA E NARRÁTICA 111

Narração Ideológica, Base Real 113
Narração Primitiva, Relato *Verdadeiro* 117
Narração e Ficção 120
Prosódia do Relato 123
Sociologia e Semântica 125

2. FIGURAS 129

Carl Schmitt 129
Otto Strasser 130
Ernst Jünger 131
Hugo Fischer 132
Gerhard Günther 132
Ernst Niekisch 133
Ernst Forsthoff 135

3. LIGAÇÕES TRANSVERSAIS 137

A Dupla Produção 139
O Oscilador de Línguas: O Modelo Italiano 146
O Referente Absoluto 148

ÍNDICE ONOMÁSTICO 153

[…] relato das monstruosas ações às quais se entregaram os serviços de segurança depois da tomada de Kiev. Evocaram-se, uma vez mais, os túneis de gás onde pereceram trens carregados de judeus…

Então, saí. As estrelas cintilavam num céu iluminado pelos traços dos tiros. Eternos sinais…Órion…

ERNST JÜNGER,
Journal, 31 de dezembro de 1942.

O Cíclotron Göring
e as Linguagens do Estado Total

A proximidade do ponto onde as linguagens tocam suas verdadeiras alavancas não é em parte alguma mais forte do que nos momentos em que foi forjada uma formulação: Estado Total. Esta tem data de nascimento e autor: no ano de 1931, Carl Schmitt.

Evocar sua importância no desastre da história, na França, há trinta anos, era um desafio. Pois ele era praticamente desconhecido.

Pronunciar seu nome novamente hoje em dia é um desafio ainda maior : ele é hoje em dia não apenas célebre, mas está na moda.

Descobrimos Carl Schmitt exatamente na intervenção precisa em que emerge sua linguagem: nas articulações da realidade histórica mais precisa e temível, na encruzilhada do começo dos anos de 1930.

É ele que, a partir 1931, descreve "a virada para o Estado total": vai transformá-lo em título crucial num livro intitulado *Der Hütter der Verfassung* (O Guardião da Constituição). Título fatal, pois as palavras *Hütter, Hüttler, Hitler* são as mesmas, tratando-se do descendente de guardas florestais do Wienerwald, nas florestas ao norte de Viena.

Ora, essa virada pedia uma tomada total do poder político nas mãos do presidente do Reich, Hindenburg. Tal se daria pelo exercício do artigo, na constituição da República de Weimar, que previa a passagem ao *estado de exceção*, e pelo direito, do presidente, de legislar por decretos, sem o voto parlamentar do *Reichstag*.

Contudo, chega o momento em que Hindenburg toma a decisão de afastar o chanceler do Partido do Centro, Brüning, que fizera campanha em seu favor contra seu adversário, Hitler. A conselho de um camarada de regimento do seu próprio filho, Schleicher, designará Franz von Papen como chefe do governo, personalidade que a topografia política coloca à extrema-direita do Partido do Centro. Um governo Von Papen-Schleicher surge então, não dispondo de outra sustentação a não ser aquela do *Reichspräsident*. A República de Weimar apresenta a particularidade de ter como chefe um presidente do *Reich* – do Império.

Eis então o governo Von Papen-Schleicher tentado por um golpe audacioso. O *Land* da Prússia que, desde Bismarck, corresponde a cerca de 2/3 do território da Alemanha, é governado de maneira estável, há anos, pelo Partido Socialdemocrata, porém, este acaba de perder as eleições regionais. E foi colocado em minoria por um referendo que reunia paradoxalmente os votos do Partido Comunista e do Partido Nazista, apoiados pelos conservadores do "Capacete de Aço": nenhum governo do *Land*, no entanto, pode ser formado por sua reunião. Condenado a governar apesar de minoritário, o governo socialdemocrata da Prússia vê-se subitamente expulso dos centros de poder pelo exército do Reich, a *Reichswehr*, nas mãos de Schleicher, sob as ordens de Von Papen.

O "golpe da Prússia", este *Preussen-Schlag* de julho de 1932, é contestado junto à Corte constitucional pelos socialdemocratas. Seu advogado é um grande jurista da esquerda alemã, Hermann Heller. O advogado do Reich de Von Papen é Carl Schmitt. Ele ganhará o processo que confronta o Reich de direita e a Prússia de esquerda. Face ao governo minoritário da Prússia, o governo minoritário do Reich é o vencedor, tanto militar como jurídico. O agente de sua vitória jurídica é Carl Schmitt.

A socialdemocracia da Prússia dispunha, no entanto, de imensas forças de polícia, num vasto território. Legalista,

O CÍCLOTRON GÖRING E AS LINGUAGENS DO ESTADO TOTAL

seu governo não tenta defender-se pela força, diante de um *Reichswehr* de dimensões reduzidas pelas condições do tratado de Versalhes. O golpe prussiano de Von Papen tem como resultado preciso, fazer com que a polícia da Prússia seja colocada nas mãos de Von Papen, pessoalmente.

Porém, a dissensão explode entre Von Papen e seu braço armado, Schleicher, sobre os meios de *domesticar* – este é o termo – o Partido Nazista.Von Papen acaba por ser colocado em minoria de maneira espetacular no *Reichstag*: Schleicher aproveita a ocasião para desacreditá-lo aos olhos de Hindenburg, a quem, pela proximidade com o filho, dispõe de um acesso privilegiado – e Nicolaus Sombart descreve com ironia esta problemática de *acesso ao coração* do poder. Em dezembro de 1932, Schleicher torna-se então chanceler. Mas continua a residir na sede do Ministério do Exército, da *Reichswehr*, único poder real. Concede a Von Papen, destituído, a autorização de permanecer *provisoriamente* no palácio da chancelaria, vizinho do palácio presidencial, na Wilhelmstrasse.

Nos meados de dezembro de 1932, Von Papen retorna espetacularmente à política através de um discurso pronunciado no *Herrenklub* (Clube dos Senhores), verdadeira câmara alta oficiosa, situada diante do *Reichstag*. Lugar no qual os jovens ideólogos se reúnem no *Jungkonservativ Klub* (Clube dos Jovens-conservadores) – entenda-se *neoconservadores, revolucionário-conservadores*, como eles se autodenominam a partir do livro do seu fundador, Moeller van den Bruck, intitulado *Das Dritte Reich* (Terceiro Reich). Perante eles, seus rivais e concorrentes, os insignificantes *nacional-bolcheviques*, preparam a linguagem e os golpes que tornarão mais aceitável o pacto Hitler-Stálin, de agosto de 1939.

Tivemos a oportunidade de discutir frequentemente, com Raymond Aron, a relação enigmática entre, de uma parte, *a revolução conservadora* de Moeller van den Bruck – que se suicidou em 1925, ao ser anunciada a reconciliação franco-alemã tentada em Locarno – e, de outra, *o Estado total* pré-nazista e nazista de Carl Schmitt. Relação a seus olhos pouco *clara*. Porém, é precisamente numa biografia nazista de Göring, por um certo Gritzbach, que li pela primeira vez, no pós-guerra, aplicado a Göring, o duplo vocábulo eminentemente paradoxal : *konservative-revolutionär*.

Entre os que lançam tal formulação, Carl Schmitt é, em 1930, o doutrinário por excelência. Principalmente através de seu discípulo *jungkonservativ* Ernst Forsthoff, autor, ao final de 1933, de um livro intitulado pela primeira vez *Der totale Staat*. O discípulo fica satisfeito ao constatar que sua fórmula, tomada de seu mestre, é empregada pela primeira vez pelo *Führer* em outubro de 1933, no congresso de juristas em Leipzig.

Carl Schmitt também fizera uma entrada doutrinal espetacular em dezembro de 1932, desta vez na *Langname Verein* (Associação do Longo Nome), clube dos representantes das indústrias do aço e do carvão na Renânia-Vestfália. Ele descreve então a perspectiva de uma *Totalidade pela fraqueza*, a dos governos da República nascida em Weimar, em 1919, sobre as ruínas da derrota militar e que a crise econômica de 1929 leva a aceitar, em geral, as intervenções econômicas onde se dispersa, segundo Schmitt, sua autoridade. Pronuncia o termo contrário como uma *Totalität aus Stärke* (Totalidade pela força), que define "no sentido do *Stato totalitario*" da Itália mussoliniana – *in Sinne des Stato totalitario*. O termo *totalitário* nasceu, efetivamente, da improvisação de Mussolini no ano de 1925, como veremos. Acabará por tornar-se um conceito de *filosofia política* com pretensões neo-hegelianas por obra de Giovanni Gentile, na virada dos anos de 1920-1930.

Justamente, o título da conferência de Carl Schmitt, em dezembro de 1932, articula os dados da crise econômica com os interesses do poder político: *Gesunde Wirtschaft im starken Staat* (Economia sadia no Estado forte). Eis assim reunidos diante dele os mecenas do Partido Nazista, os detentores do poder industrial no Ruhr que, no Clube dos Senhores, encontram-se lado a lado com os grandes proprietários fundiários do leste do Elba, na Pomerânia e na Prússia. O *Stato totalitario* italiano é convidado a metamorfosear-se no *totale Staat* alemão, pela linguagem de Carl Schmitt.

Ora, durante essas semanas de dezembro-janeiro de 1932-1933, nos últimos dias da República de Weimar, Von Papen conversa cordialmente ao lado do *Reichspräsident*, refugiado nos aposentos da chancelaria, por conta de trabalhos de restauração realizados no palácio presidencial. Assim construiu-se confidencialmente a "manobra de janeiro de 1933", que aparece publicamente em 31 de janeiro. Von Papen torna-se vice-chanceler, armado de um poder fulgurante: a pasta vermelha onde se encontra o documento assinado antecipadamente pelo presidente do Reich, pronunciando a dissolução do *Reichstag*, o Parlamento desta curiosa República que é um "Reich".

Porém, o chanceler é Hitler. Por sua vez, Hitler é *minoritário* neste governo em que apenas dois postos ministeriais são atribuídos ao Partido Nazista, o Ministério do Interior a um certo Frick, o Ministério dos Cultos (e da Propaganda) a um certo Goebbels. Mas o Ministério do Interior da Prússia é atribuído a um certo Göring que, a este título, participa excepcionalmente do governo. A polícia socialdemocrata da Prússia caiu em suas mãos. É ele que autoriza, na noite de 31 de janeiro, a ação avassaladora das tropas políticas do partido nazista, as SA, *Sturm Abteilungen* (Seções de Assalto) das quais um setor particular chama-se *Schutz Staffel* (Esquadrões de Proteção), SS. A noite e a rua são ocupadas por Hitler. A pasta vermelha de Von Papen permanecerá na gaveta.

Carl Schmitt, o homem de Von Papen, passa a ser doravante o homem de Göring. Desde as primeiras semanas, organiza-se no Ministério do Interior da Prússia uma seção particular e secreta, a *Geheime Staats-Polizei* (Polícia Secreta do Estado) ou, num código encurtado, a *Ge.Sta.Po.* Estas três sílabas munidas de pontos não são um sítio na web e, no entanto, já emitem uma mensagem que o mundo inteiro vai rapidamente compreender. O *totale Staat* de Carl Schmitt encontrou sua figura de ação. E a linguagem agora forjou uma instituição singularmente capaz de ação. O atalho do enunciado ao ato foi pronunciado.

Será Carl Schmitt quem proporá a seu novo patrão uma outra instituição. À maneira de Sieyès para Napoleão, porém num outro contexto, que anula o que a revolução de novembro de 1918 e as jornadas constitucionais de Weimar guardavam dos efeitos da Revolução Francesa e da filosofia alemã do Iluminismo: ele sugere um *Staatsrat* (Conselho de Estado). Göring acolhe esta proposição que salva as aparências: o *Staatsrat* existirá. Porém, não se reunirá jamais. Göring preside-o *in absentia*.

XVIII   INTRODUÇÃO ÀS LINGUAGENS TOTALITÁRIAS

No entanto, não é nada negligenciável ser um de seus membros. Carl Schmitt enfatizará humoristicamente, durante um almoço de filosofia política nos anos de 1960, que o simples fato de exibir uma pequena bandeirola (com a cruz gamada) no para-brisa de seu carro dava a um membro do *Staatsrat* um sentimento de segurança agradável – num tempo em que Gestapo tornava a existência bastante insegura até mesmo para um dos primeiríssimos mecenas do nazismo, Fritz Thyssen, presidente e proprietário das Siderúrgicas Reunidas, que ousará protestar contra o pacto Hitler-Stalin, esta fagulha que acende a Segunda Guerra Mundial. Os trens e os caminhões transportando os *prisioneiros especiais* e os *prisioneiros de sangue* vão levá-lo ao lado de outros prisioneiros europeus, como Léon Blum ou a admirável Fey von Hassell, filha de Ulrich von Hassell, o autor de *A Outra Alemanha*, antigo embaixador em Roma, enforcado após o atentado frustrado contra o Führer.

As linguagens de Carl Schmitt surtiram efeito. O *totale Staat* não é apenas mais uma "fórmula ativa e esclarecedora", como ele havia definido. O imenso movimento de ideologias e ações que circula durante os treze anos da República de Weimar, através de uma multiplicidade de grupos – ao mesmo tempo grupos de linguagens e grupos de ação –, podemos observá-lo condensar-se na temível máquina de energia forjada pelo ex-piloto de elite Göring. Logo, sua Gestapo vai fundir-se com a *Schutz Staffel* (Esquadrão de Proteção), a ss.

No decurso da história, o órgão ideológico da ss, o Corpo Negro, declarar-se-á insatisfeito com a fórmula esclarecedora do Estado total, que julgará enunciada em vocábulos demasiado *latinos*, distantes da germanidade ativa. É então a *völkische Ganzheit* (Totalidade *völkisch*) que se afirmará como um equivalente melhorado do *totale Staat*, com um poder superior. Que significa *völkisch*? Veremos a seguir.

Esse vocábulo quase decretará a queda em desgraça de Carl Schmitt, mas ao mesmo tempo descreve aquilo que, por uma língua de exterminação, ultrapassa completamente sua ação de linguagem.

Explorar este turbilhão de termos, num enxame de variações e transformações, é uma tarefa infindável, mas que é necessário tentar e prosseguir incessantemente. Trataremos de buscar aí o *transformat*, abstração concreta.

Tarefa de confrontação filosófica entre linguagens e realidades. E com o "filósofo", amigo e aliado de Carl Schmitt, que, em 11 de novembro de 1933, investirá os grandes vocábulos *Sein, Seiende, Wesen, Dasein – Ser, Ente, Essência, existência ou ser-aí** – no turbilhão do que ele próprio nomeia "o terror daquilo que se desencadeia" e do que, insiste, não se deve "desviar". Porque com tal tarefa se anuncia o "retornar à essência do ser", (*nach des Wesens des Seins wiederkehren*). "Necessidade do ser-aí *völkisch*", essa origem, essa *Ursprung* donde "nos vem a ciência".

Profissão de fé em Adolf Hitler e no Estado Nacional-socialista: assim se intitula a brochura que reúne as contribuições dos declarantes de novembro de 1933. Ao lado do reitor filósofo, Martin Heidegger, está sentado o reitor antropólogo, Eugen Fischer, doutrinador do genocídio dos mestiços na Namíbia, a partir de 1908 (e cujo assistente no Instituto de Berlim chama-se Joseph Mengele, futuro médico de Auschwitz-Birkenau). Esses dois senhores trocarão cartões de ano-novo até uma idade avançada, no pós-guerra.

A *Profissão* de 1933 sublinhava claramente que era importante não desviar-se da "perturbação do obscuro". No entanto, e seguramente, é legítimo inquietar-se pelo silêncio ulterior de Heidegger, a respeito do que o Reich nazista denominou a *solução final* e que um grande filme denominará *Shoah*.

Não é menos legítimo preocupar-se com o *que ele disse* – e *escreveu*. No contexto das linguagens assassinas e, para além, num longo caminho, até o seu temível testamento espiritual de 1976. E numa simbiose complexa com a língua de Carl Schmitt, que no entanto o ridicularizará, ao evocar o gota-a-gota do "leiteiro do Ser".

É com esses que se introduz uma *confrontação filosófica* de longa duração. Seu perigoso *discurso épico* interessa ao pensamento por longo tempo, se este não se limitar a tocar de maneira modista ou modal, como um simples toque de flauta. Sua *música* também, contudo, tem importância para nós.

Mas eis que a massa de realizações do Estado total, em Göring, afasta-se de seu terreno, a Gestapo. O ministro da

---

* No original: *etre, étant, essence, existence* ou *être-lá* (N. do T.).

XX INTRODUÇÃO ÀS LINGUAGENS TOTALITÁRIAS

Gestapo vai abandoná-la completamente ao perverso tarefei-ro Himmler, para apoderar-se de um outro programa: a avia-ção, a Luftwaffe.

E no entanto, é aí que o processo encontra seu limite. Quando as divisões blindadas de Guderian penetraram pela brecha de Sedan as defesas do exército francês, para surpreen-der pela retaguarda as tropas franco-inglesas que partiram para socorrer a Bélgica, Hitler ordena parar subitamente na "linha dos canais", acima do Somme. Uma pausa de dois dias dá tem-po às tropas francesas na Bélgica de se voltarem contra a lança blindada que avança sobre suas costas e de fazer-lhe frente, pro-tegendo assim a retirada por mar do exército inglês.

Göring conseguiu persuadir Hitler a deixar sua Luftwaffe liquidar os exércitos aliados de maneira a poder atribuir a vi-tória final a essa criação por excelência do poder nazista, sem deixá-la apenas em proveito dos generais da Wehrmacht. Essa gloriosa narração antecipatória, pela voz de Göring, terá um efeito dos mais decisivos: privará Hitler da verdadeira vitória final. Porque o exército inglês terá tempo de retirar-se da ar-madilha, sem que a Real Força Aérea tenha a necessidade de intervir maciçamente: ambos serão reservados para decisões maiores no futuro.

O papel negativo de Göring neste momento crucial da bata-lha de Flandres vai se desdobrar na derrota de Carl Schmitt frente ao *Schwarze Korps* (Corpo Negro), a revista doutrinal da ss.

A derrota do *totale Staat* em favor da *völkische Ganzheit* anuncia abstratamente esse momento ulterior de junho de 1940 em que Göring provoca, sobre a linha dos canais, a perda da guerra para Hitler. Excesso de nazismo provoca, felizmen-te, a derrota do Terceiro Reich. Ei-lo encapsulado em suas lin-guagens.

Em abril de 1945, sendo informado que o *Reichsmarschall* Göring tenta negociar com o comando dos Aliados, Hitler, do fundo de seu abrigo subterrâneo de Berlim, inteiramente separado do bolsão austríaco, ordena aos ss do último bol-são, no Tirol, prender Göring: o que foi feito, mas apenas pela metade. Göring não foi executado pela ss, portadora de sua Gestapo. Momento derradeiro, assustador e ridículo do Estado total.

O efeito das linguagens atinge aqui seu derradeiro obstáculo, sua aporia final.

Enquanto Carl Schmitt, o homem de Von Papen, defende a causa do Estado total contra a da República de Weimar e anuncia, nos salões da Associação do Longo Nome, a *Totalidade da força* ou *pela força*, Von Papen premedita com o Guardião da constituição, o *Hüter*, a manobra que conferirá plenos poderes ao descendente dos *Hütler* do Wienerwald, vindos do enclave de florestas mergulhado na Boêmia tcheca: este *Hütler*, o neto dos guardas florestais cujo herdeiro, pai de Adolf Hitler, tornara-se inspetor de alfândega, é Hitler. E este vai confiar ao piloto Göring o cuidado de dar o *máximo* de realidade à "fórmula ativa e esclarecedora" que ele assumira diante do Congresso de juristas.

Ora, o lugar, o laboratório dessa manobra de janeiro de 1933, é a chancelaria do Reich que fora também, anteriormente, o palácio Radziwill. Lá onde a representação do *Fausto* de Goethe fora montada, pela primeira vez, em 1808.

O pacto pseudofaustiano do ano de 1933 ligará o anão malicioso e perigoso Carl Schmitt ao perigoso e ridículo gigante Göring. É também ele que pode ligar perigosamente a irracionalidade das razões narrativas a uma ação desvairada.

O fundamentalismo nazista estava definido em *Mein Kampf* (*Minha Luta*), pelo objetivo do Estado *völkisch* como sendo a "conservação dos elementos raciais *originários*" (*die Erhaltung der rassischen Urelemente*). De onde sai este *originário*?

Serão detectados em outros tempos, e numa perspectiva crítica no começo dos anos de 1990 – por um poeta argelino às vésperas de ser alvo de uma outra figura da linguagem mortífera – o integrismo, o próprio fundamentalismo: *vontade de reinstaurar a origem*.

Paradoxalmente, aquele que contribui, ao lado de Von Papen, para estabelecer o Terceiro Reich, cuja polícia é por eles confiada a Göring, só adere ao partido nazista em 1° de maio de 1933, mesmo dia em que Martin Heidegger (n. 2-098-860 para um, n. 3-125-894 para o outro). Este lhe escrevia, não sem ingenuidade, no mês anterior, a partir de 22 de abril, do alto de sua função de reitor da Universidade de Friburgo, que não *virasse as costas* ao novo Reich... Ambos se reencontrarão em

Heidelberg, durante o verão de 1933, para participar de um ciclo de conferências organizado pelos estudantes do Partido. No mesmo quadro, o chefe do departamento de política racial do partido nazista, Walter Gross, expõe suas opiniões sobre a "comunidade de raça".

Outro paradoxo, é precisamente este último que vai lançar Ernst Krieck como *filósofo competente*, em fevereiro de 1934, num ataque contra Heidegger e a opinião corrente que fazia então deste o "filósofo do nacional-socialismo" – e que o conduz assim a improvisar a noção absurda de *niilismo metafísico* para acusar violentamente a *Heideggersche Philosophie* (Filosofia heideggeriana). Formulação da qual Heidegger vai apropriar-se, discretamente a princípio, depois de maneira triunfal, nos termos da *metafísica niilista*, para colocá-la no âmago de sua *segunda filosofia* dos anos pardos e depois no pós-guerra. No mesmo momento, Carl Schmitt interrompe sua correspondência, por motivo de *judeidade*, com o grande filósofo político Leo Strauss. – O labirinto narrativo dos "tempos de perdição", como os denominará Richard von Weizsäcker, revela-nos a implicação de perigosas energias através de *grandes irregularidades* de linguagens.

Janeiro de 2002

Prólogo

Eles pedem contas aos executores de bens.

BEAUMANOIR

Nós conhecemos apenas uma ciência, a ciência da história..., dividida em história da natureza e história dos homens.

KARL MARX

1. Porque a história só se faz contando-se, uma crítica da história só pode ser exercida contando como a história se produz ao narrar-se.

O que se desenvolve aqui não se refere nem ao discurso filosófico nem à pesquisa empírica, porém, constitui-se em narração crítica do começo ao fim. Esta narração crítica coloca em jogo seu objeto ao *contá-lo*: por ela, entra-se nessa relação primária da prática humana com o que carrega ou indica. Desnudar essa relação só pode ser feito entrando-se inteiramente na prática narrativa, sem *alçar-se* acima dela em momento algum, sob o pretexto de discorrer sobre um outro objeto, já que é ela que nos fornece, pelo *prestar conta* – ou *pedir contas* –, esta referência ao objeto e esta referência *do* objeto que abrem todas as possibilidades.

2. E já que a narração articula, acontece que ela conta então o mais perigoso dos abalos, aquele que percorreu, sob a forma da Segunda Guerra Mundial, ao mesmo tempo a história da natureza e a história dos homens. Porém, essa narração não é simples ou estritamente *historiadora*: ela conta as narrações que tornaram possível este objeto inenarrável, chamado o Reich

hitlerista. Porque narrar a ascensão hitlerista é impossível se quisermos nos limitar a descrever as sequências dos fatos: a série de ações (ou eventos), a série de discursos antecedentes ou consequentes, a série dos movimentos nas relações de produção ou de troca – digamos: a Noite dos Longos Punhais (Nacht der langen Messer), o discurso de 13 de julho de 1934 em que Hitler se apodera do título de chefe do Estado, o "milagre econômico" – não são séries paralelas que estariam mais ou menos em correlação. O discurso de julho faz parte também do que *produz* a noite de junho, na medida em que ele recolhe os relatos que, antecipadamente, desenharam as polaridades de sentido e de ação, o campo de possibilidade, ao mesmo tempo que de aceitabilidade. Esse aumento progressivo e descontínuo na aceitabilidade da ação e do discurso nazistas está ligado à maneira pela qual o campo é invadido, numa propagação oscilante, pela sua maneira de contar. E essa maneira contribui a moldar os registros mais *reais*, nos quais se manipulam as condições do reajustamento econômico alemão: condições, ao mesmo tempo, da primeira guerra planetária por vir.

Narração que vai da *periferia* para o *centro*: centro invisível sobre o qual os narradores em ação se interrogam, antes de vê-lo subitamente tomar um nome.

3. Essa narração dos relatos, ou este *super-relato*, fornece ao mesmo tempo as premissas de sua própria ciência: ela é propriamente a primeira experimentação desta narratologia geral, na qual as contas (ou contos) dos especialistas econômicos e a ação que exercem estão também envolvidos. Mais precisamente: ela constitui, de passagem, múltiplas iniciativas que poderiam muito bem ser as precondições a uma ciência possível e a seus diferentes graus. Uma delas, a da sociologia empírica, alude ao que Bataille, na época do *Collège de Sociologie*, designou como *sociologia do poder* e *sociologia sagrada* – e, pois, obstinada com a "porção propriamente *sagrada* dos bípedes que somos" (Leiris), dito de outra maneira, com a linguagem. Uma sociologia das linguagens: primeiro nível, completamente empírico, da ciência a estabelecer.

Mas esse nível leva ao problema propriamente teórico de uma semântica da história. Pois história se faz justamente "no

PRÓLOGO XXV

furor do jogo fônico"[1] e de seus " procedimentos gráficos"[2] –
mas na medida em que estes são, a cada momento, articulados
pela sintaxe narrativa e sua interpretação semântica. A discussão contemporânea e inacabada entre Postal e Chomsky
tende a concluir pela recusa a toda pretensão a uma *semântica
geral*, mas também pelas possibilidades de semânticas regionais, eventualmente articuladas, por exemplo, a das linguagens ideológicas, a da "língua das mercadorias" (Marx).

O terceiro nível é aquele que torna possíveis e ao mesmo tempo desarticula os precedentes : é o da *crítica* da razão – e da economia – narrativa, que esclarece as condições
da produção e da circulação dos relatos e seu poder próprio.
A crítica da narração se faz pela narração crítica, embora ela a
envolva a cada momento.

4. De tudo isso, por ironia, pode-se dizer que aí se esboça a
epopeia crítica do século em curso... O século que a Revolução
de Outubro "preencheu de sentido e de conteúdo"[3] ; sem es-
quecer que Marx, anotando seu projeto inacabado de escrever
um romance, indicava as razões que teve a forma romanes-
ca de substituir-se, na sociedade burguesa, à antiga epopeia.
Porém, o império do *romance*, copiado dos fragmentos de um
certo Império Romano, desloca-se com os impérios sucessivos que o acompanharam ; fragmenta-se ao mesmo tempo
que o imperialismo das línguas.

Deixa aparecer agora a trama de um epos mais fundamental, que é palavra (a *Ilíada*) ou linha de escritura (Isócrates) ao
mesmo tempo, e prosódia geral das linguagens.

O essencial então são os cortes, as repercussões de uma
cadeia de linguagem em outra – é uma espécie de *prosódia*
das línguas políticas que se encontra aqui, ligada ao engendramento da ação.

1   Roman Jakobson.
2   Jan Mukarovski, em *Change* 3, p. 90.
3   Boris Pasternak.

Parte I

Teoria do Relato

A nação francesa, em quase tudo, conforma-se à Alemanha, ela é assim oriunda e provinda dos Sicambros, como os historiadores antigos contam.

Declaração de candidatura de Francisco I,
rei da França, à coroa imperial,
redigida pelo cardeal Duprat.

Os relatos... devem mudar a face das nações.

MABLY,
Observations sur l'histoire de France
(Observações sobre a História da França)

Esta palavra, ...foi a energia... tornada visível.

MICHELET,
Histoire de la Révolution
(História da Revolução)

Enunciar significa produzir: ele grita suas demonstrações pela prática.

MALLARMÉ,
Crayonné au théatre
(Desenhado no Teatro)

1. A Narração

Devemos lembrar uma evidência primária: a história é antes de mais nada uma narração. A história de uma certa nação do Ocidente, correntemente designada pelo nome *França,* é a princípio um enovelado de relatos, dentre os quais domina aquele que faz de seus habitantes os descendentes dos troianos. Essa versão, a mais genérica, não desaparece inteiramente dos livros de história antes de meados do século dos cartesianos.

Nessa época, um desses cartesianos, em apêndice aos *Principes de la philosophie* (Princípios da Filosofia) que ele havia "demonstrado à maneira dos geômetras", nota que no nível básico do conhecimento, "a primeira significação de *Verdadeiro* e *Falso* parece ter-se originado nos relatos, [já que se diz] *verdadeiro* um relato quando o fato contado tinha realmente acontecido, *falso* quando o fato contado não tinha acontecido em nenhum lugar".

Desse sentido, acrescentava o apêndice spinozista, passou-se àquele que define a oposição entre ideia falsa e ideia verdadeira: as *ideias* não são qualquer outra coisa, efetivamente, do que "narrações ou histórias da natureza no pensamento". Pela prática do relato constituem-se os elementos fundamentais da função lógica no discurso. Porém, ao mesmo tempo, essa

6 INTRODUÇÃO ÀS LINGUAGENS TOTALITÁRIAS

prática é dada como a própria realidade: colocar em dúvida aos olhos do público de então o que se chamava sua *cara descendência troiana* era cometer "um grande crime" e quem o cometesse "estaria em perigo".

O estatuto perigoso do relato fica evidente. Ele é esta forma simples, sem peso nem materialidade, da narração – porém é ao mesmo tempo o que narra: o próprio real, em sua materialidade. É a simples linguagem – e é a "primeira significação" do Verdadeiro e do Falso em sua origem, que se refere, fora do texto, à materialidade do fato ou à coerência das regras do pensamento. O relato da *cara descendência troiana*, desde Grégoire de Tours até as *Chroniques de Saint-Denis* (Crônicas de São Denis), é ficção – mas é, pelos séculos de crença comum, a própria história da realidade. Essa realidade do relato é objeto de uma crença unânime que venera como fundador da nação francesa e seu primeiro soberano o filho de Heitor, Francion – mas nos momentos em que ela tornou-se igualmente objeto de crítica e de sarcasmo, precisamente *Francion* vai fornecer o título, na obra de Charles Sorel[1], de um relato de ficção que se apresentará como uma "história completa e verdadeira [através] de um conto sobre alguém que foi enganado". A instância de uma penetrante e áspera *filosofia* ou reflexão crítica sobre a ficção narrativa é contemporânea do momento em que começou-se a rir abertamente dos relatos troianos do rei Francion. O desenvolvimento que, a partir do Renascimento, tende a constituir o que se designa, ao redor de 1840, como uma ciência nova deve tomar por objeto primeiro de sua crítica a origem troiana dos francos.

Porém, é o momento em que se precisa o perigo do narrativo. O desaparecimento da narração troiana faz surgir este dado que será ressaltado pelos grandes enunciados metodológicos dos anos sansimonianos: trata-se do fato de que cada uma das classes da população veiculava então seu *sistema* de narração. Segundo o sistema da nobreza, a formação do reino foi obtida pelos combates da conquista franca e "não pelo direito escrito". O sistema da burguesia urbana e do clero opõe o direito *escrito* das cidades romanas ao *direito odioso* ou *odiento* dos costumes

---

1 Cf. Charles Sorel, *Histoire comique de Francion*.

orais. As versões invertem-se e cruzam-se com Hotman, o protestante, como referido pelo *Dictionnaire historique* (*Dicionário Histórico*) de Bayle. Abrigando-se por trás da função de "simples narrador e escriba" – *scriptor et simplex narrator, tantum relator et narrator* –, atribui à conquista franca o papel de incrementar os direitos populares, graças ao que, por um tempo, o povo foi "o verdadeiro soberano". A famosa antinomia entre o conde de Boulainvilliers e o abade Dubos, descrita em *O Espírito da Leis*, opõe dois sistemas em que um parece uma conjuração contra o Terceiro Estado e o outro uma conjuração contra a nobreza – e contudo, ao ler o primeiro, notava Montesquieu, crê-se escutar um companheiro de Clóvis "que narra as coisas que acabou de presenciar e as que realizou".

Porém, novamente, o sistema narrativo de Mably vai cruzar deliberadamente as versões. Já que de uma parte recusa, em suas *Remarques et preuves* (Observações e Provas), o que constitui em Boulainvilliers o conto fundamental:

> Por que Loyseau, em seu *Traité des seigneuries* [Tratado dos Direitos Senhoriais], cap. 1, §55 e 69, pretende então que os francos retiraram aos gauleses o uso das armas e escravizaram-nos ? O conde de Boulainvilliers construiu sobre esta pretendida servidão todo seu sistema a respeito de nosso antigo governo. Refutarei esse erro nas notas seguintes, falando dos direitos da nação gaulesa sob o governo dos francos.

> Porém, de outra parte, em tal sistema, o que percebe como a *forma democrática* do governo franco, antes e depois da passagem do Reno: descreve o Campo de Marte carolíngio como "a assembleia da nação", compreendendo "homens do povo". Amputado de seu conto fundamental, o sistema de Boulainvilliers é dividido, guardado em seu conjunto, mas para ser transformado radicalmente nesta conjuração do Terceiro Estado contra a nobreza, à qual se referia o sistema do abade Dubos. Mably retira de Boulainvilliers a versão desta república germana que ter-se-ia transplantado na Gália para aí tornar-se "o tipo ideal e primitivo" de toda constituição francesa passada e futura. De Dubos, guarda a versão da ruína que a invasão pela nobreza introduziu em toda a instituição civil. De Boulainvilliers, toma a tradição aristocrática do combate

contra o absolutismo real; de Dubos, a tradição burguesa e popular da luta contra a aristocracia. E, sem dúvida, a crítica que formularão os grandes pioneiros – os pós-sansimonianos – do método histórico; Augustin Thierry, particularmente, não será menos severo em relação a Mably do que em relação à *pretendida narração* de Hotman. Porém, em seu próprio dizer, é Mably – "pelo falso e pelo verdadeiro, pela história e pelo romance" – que contribuirá, mais do que qualquer outro, para suscitar o que denomina *a excitação revolucionária*. Para Thierry, o sansimoniano, é o *romance* de Mably que faz entrar na linguagem, palavras como *pátria, cidadão, vontade geral* ou *soberania do povo*. É essa linguagem, são essas palavras e "quimeras históricas" que, prossegue ele, contribuíram a nos tornar o que somos: a "preparar a ordem social" que reina no momento em que a história tenta, justamente, constituir-se como método e como ciência. Essa ordem social, naquele momento, é precisamente a de Luís Felipe de Orléans, rei dos franceses. Porém, o próprio autor, que a teria preparado pela sua linguagem e pelas quimeras de seu *romance*, é também aquele que, menos de quarenta anos mais tarde, terá evocadas por Engels "[suas] teorias francamente comunistas, [ou ainda] o socialismo moderno... em sua forma teórica".

A luta das versões narrativas traz consigo – ou leva – o peso terrível de suas implicações. O ocorrido sob o Império e a Restauração, marcado, sobretudo pelo que se denominava então o *Partido Contrarrevolucionário,* proporá uma combinação de dois sistemas de relato exatamente oposta à de Mably. Tal combinação toma desta feita de Dubos a ideia de que os francos não exerceram absolutamente o direito de conquista: assim sendo, todos os homens livres, de origem fanca, romana ou gaulesa, acabam por se confundir com o nome de francos – frente a "todos os antigos escravos, a estes miseráveis" que gauleses e romanos já mantinham em servidão. Essa mesma combinação toma de Boulainvilliers, por sua vez, seu relato fundamental: a oposição entre os "homens francos" e "a classe imensa dos tributários", chamada a partilhar todos os direitos da condição franca, primeiramente pelos reis capetianos e, em seguida, pela "grande revolução" das comunas medievais. Contando e comentando tal sistema – o sistema narrativo do conde de

A NARRAÇÃO

Montlosier –, Thierry, o sansimoniano, chegará ao enunciado crucial que será lido por Marx em sua obra (e também na de Guizot): "luta de classes inimigas e rivais".

O EFEITO MABLY

Precisamente Mably – cujo *romance* e *quimeras* narrativas contribuíram para preparar a *excitação revolucionária* que pedia a *forma democrática*, segundo Thierry, e a *forma teórica do socialismo moderno*, segundo Engels – fornece-nos, de passagem[2] e apesar de si, o paradigma ou o modelo do que poder-se-ia denominar *o efeito Mably*.

Trata-se, para ele, no capítulo I de seu livro primeiro, de contar "a fortuna e os costumes dos franceses" e, antes de mais nada, a travessia do Reno e a invasão da Gália romana. Apenas a força do hábito e o exemplo dos pais "impediam essa *revolução*", que um evento imprevisto produziria enfim:

Alguns jovens hunos caçavam às margens do *Palus meotides*. Uma corça, que tinham avistado, atravessou um pântano que consideravam um mar intransponível. Perseguindo temerariamente sua presa, espantaram-se ao se encontrar em um novo mundo. Esses caçadores, impacientes por contar às suas famílias as maravilhas que tinham visto, retornaram para sua habitação. E os relatos pelos quais despertavam a curiosidade de seus compatriotas deviam mudar a face das nações. Jamais houve povo mais terrível que os hunos.

Mably, tão atento em outros momentos de suas *Remarques et preuves* ao que Augustin Thierry denomina suas *citações textuais*, não está aqui absolutamente preocupado em fornecer as fontes de sua narração. Esta, porém, em sua ingenuidade, que assume no contexto um alto grau de ironia, delineia com traços bastante exagerados uma proposição inicial: existe, na história, um efeito de *produção de ação* pelo relato.

Dizer que a própria história do Ocidente começa pelo evento imprevisto desses *relatos* que deveriam *mudar* a face

---

2 Cf. Gabriel Bonnot de Mably, *Observations sur l'histoire de France*, nova ed., 1788, t. I.

das nações é, evidentemente, uma simplificação estilística, para tornar mais evidente, pelo exagero, o paradoxo desse *quantum* de ação narrativo ou desse efeito. A descrição do próprio Mably está repleta de detalhes materiais e precisa o estado no qual os francos encontram o Império Romano quando se estabelecem na margem direita do rio. Dedicam-se apenas, a princípio, a corridas ou razias, guerreando sem conquistar: "Mas as circunstâncias logo se modificaram. Praticamente não valia mais a pena pilhar as províncias empobrecidas e quase desertadas e os imperadores, cujas finanças estavam esgotadas, não eram mais capazes de comprar a paz".

A essas circunstâncias ecológicas e financeiras acrescentam-se precisões de natureza mais propriamente econômica: "Contudo, os bárbaros, que haviam desenvolvido novas necessidades pelo comércio que mantinham com os romanos, deveriam pouco a pouco perder todo interesse por essa nova situação. Era preciso que adotassem novos costumes e uma nova política".

Assim, no princípio, na margem direita do Reno, encontram-se as condições e os modos – modificados – da produção material e da troca; a seguir, ou subitamente – desencadeando a repentina *revolução* dessa passagem do Reno –, intervém o evento imprevisto desses *relatos* que vão "modificar a face das nações": essa produção de ação suplementar e, por assim dizer, descontínua, pelo *efeito do relato*.

Efeito de relato que é também efeito de *quimeras* ou, na língua spinozista, de *ficção*. Porque a narração do novo mundo pelos caçadores hunos é quimera, indubitavelmente, ao menos em algum nível. Mais quimera ainda do que a "pretendida narração" de François Hotman, à qual se associa tanta influência política sobre o partido burguês da Liga, influência paradoxal nesse protestante. Ou mais evidente ainda que as *quimeras históricas* do próprio Mably, cuja conclusão era o restabelecimento dos Estados gerais que foi "imediatamente seguido por uma imensa revolução". O efeito da narração sobre a ação que ela narra – efeito que passa pela ficção, "pelo falso e pelo verdadeiro, pela história e pelo romance" – é precisamente o enigma que poder-se-ia explorar.

A MUDANÇA

Mudadas as circunstâncias, os relatos vão *mudar* a face ou a forma das nações, fazer com que, subitamente, seja cruzada a linha do rio e a linha do instante ou do *evento imprevisto*.

Na própria trama das mudanças materiais, tecem-se desta maneira as mudanças da *face* (ou da *forma*) produzidas *pela* própria forma narrativa. A economia que se articula neste ponto não deixa de ter relação com o que Marx analisa nesta sequência do Livro Primeiro do *Capital*, que desapareceu na versão francesa de Joseph Roy: "Temos de considerar o processo integral do ponto de vista da forma, isto é, apenas a *mudança de forma* ou a metamorfose das mercadorias que mediatiza a mudança material na sociedade"[3].

Sabe-se que Marx entende por *mudança de forma* a metamorfose através da qual o objeto mercantil passa de sua forma natural de coisa bruta à sua forma moeda, através do simples fato de mudar de mãos. É o processo formal que faz do simples deslocamento material uma *meta-morfose* ou uma *trans-formação*. Ao entrar na troca, a produção material pelo trabalho humano vai inscrever, por trás do segredo dos objetos mercantis, o *hieróglifo social* do valor. Tal é – nascida dessa mudança de forma que "cada vez se efetua por uma troca" – a língua das mercadorias, a *Warensprache*.

Cada uma dessas mudanças de forma, escrevia Marx, "efetua-se por uma mudança entre mercadoria e moeda ou por suas *mudanças respectivas de lugar*". Tecido contra livro: para o tecelão que vende seu tecido, compra sua Bíblia, as mesmas moedas de ouro mudam duas vezes de lugar, a primeira vez contra o tecido, a segunda vez contra a Bíblia. Transformação da mercadoria em dinheiro e retransformação do dinheiro em mercadoria: nos dois sentidos, a moeda não se move e funciona apenas como título de *forma-valor* dos objetos mercantis e essa

---

3 "Wir haben also den ganzen Prozess nach der Formseite zu betrachten, also nur den Formwechsel oder die Metamorphose der Waren, welche den gesellchlaftchen Stoffwechsel vermitelt", *Das Kapital* (O Capital), I. Buch I, 3, 2, a. Dietz Verlag, Berlin: 1957, p. 109. Tradução em *Change* 2, p. 81-83, desse texto que permaneceu curiosamente *inédito* em língua francesa.

12 INTRODUÇÃO ÀS LINGUAGENS TOTALITÁRIAS

perpétua transformação dos objetos úteis em valor "é um produto social bem como a linguagem" (*so gut wie die Sprache*).

Sobre a base material da história (na margem sólida do rio que não foi ainda transposto), a troca e a circulação das línguas narrativas fazem intervir o que subitamente – e de maneira tão descontínua quanto a mudança de mãos – muda a *face* das coisas ou dos povos: subitamente, as circunstâncias mudam. Os ritmos da seca no centro da Ásia, as estruturas fiscais de um império mediterrâneo e os estados de penúria que lhe correspondem são colocados em relação, repentinamente, por uma grande circulação de linguagens: e a história começa pelo Ocidente. Assim é apreendida pelo *modelo de Mably* – ou, mais precisamente, pelo *modelo de Thierry*: modelo primitivo da história em vias de se *constituir em teoria*, que permaneceu impensado.

A partir da travessia do Reno, o objeto da história entra, de uma maneira que não deixa de ter relação com a do objeto mercantil, numa economia geral dos conjuntos *produtivos* e *narrativos* (ou formais), porque a língua que se troca "às margens dos *Palus meotides*" tem por base a primitiva produção de bens de consumo que é o abate dos animais[4]. Mas, trazer (ou não) a corça, é ao mesmo tempo *relatar* ao outro o caminho percorrido. A história começa com este duplo processo: mudança material e troca, ou mudança de forma. A própria caça é dada com sua linguagem que, por sua vez, mudará sua *face* e tornará possível a mudança material no grupo humano – porém, sob a condição de transformar-se.

E curiosamente, a narração troiana original, por suas próprias metamorfoses e sua progressiva destruição, pertencem a esse processo[5].

---

4 "Poderíamos dizer que a caça é o resultado do trabalho" (Georges Bataille, *L'Érotisme*. Edição brasileira: *O Erotismo*, 2. ed., trad. Antonio Carlos Viana. Porto Alegre: L&PM, 1987). Porém, a interdição de matar, sua transgressão e a expiação a ela ligada implicam uma resposta, segundo Bataille, que é o *jogo da figuração*, o relato gráfico: o gesto ou a escritura da narração – a pintura de Lascaux.

5 "Os francos [...] acreditava-se que eram oriundos dos companheiros de Enéas ou de outros fugitivos de Troia, opinião estranha à qual o poema de Virgílio dera forma, mas no fundo [...], ligava-se a lembranças confusas do tempo em que as tribos primitivas da raça germânica fizeram sua emigração da Ásia para a Europa, pelas margens do Ponto Euxino. Augustin Thierry, *Considérations sur l'histoire de France* , cap. I.

A narração *troiana* é, assim, o último estado e a primeira inscrição do que poder-se-ia chamar o momento do relato dos *Palus meotides*. Porém, no sentido inverso, ela é o estado primeiro de uma transformação narrativa que passará pela *pretendida narração* de François Hotman, pelas transformações narrativas opostas de Boulainvilliers e de Dubos, por aquelas, que as cruzam diferentemente e as combinam, de Montesquieu e de Mably – para concluir pelo restabelecimento dos Estados gerais, seguido por uma *imensa revolução*.

LUTA DE CLASSES, *LUTA DE RAÇAS*

As *quimeras* da narração seguida pela *imensa revolução* foram substituídas por uma versão completamente distinta: aquela que o Primeiro cônsul foi procurar e literalmente encomendar "no partido contrarrevolucionário", na casa de M. de Montlosier. Ali, como exporá Thierry, constrói-se uma linguagem ou "o emprego de uma fraseologia" que, no decorrer do processo, "substitui a ideia de classes e estratos pela de povos diversos, [que] aplica à luta de classes inimigas ou rivais o vocabulário pitoresco da história das invasões e conquistas".

Por sua vez, porém, tal *vocabulário pitoresco* e sua fraseologia vão se transformar. Para chegar finalmente à forma mais brutal dos enunciados desta substituição:

Eles queriam a luta de classes. Eles terão o combate das raças, até a castração[6].

Consequente consigo mesma a esse propósito é a narração dos dois condes, Boulainvilliers e Gobineau. "Os gauleses, diz um deles, tornaram-se súditos, os francos foram mestres e senhores. Desde a conquista, os francos *originários* foram os verdadeiros nobres e os únicos capazes de sê-lo". E se, retoma o outro, "o valor intrínseco de um povo *deriva de sua origem*, seria preciso restringir, talvez suprimir tudo o que se chama *igualdade*". O conde de Gobineau acaba de expor a grande descoberta que ele pretende atribuir à ciência:

6 Lanz von Liebenfels (ver J.-P. Faye, *Langages totalitaires*, livro II, parte II).

14 INTRODUÇÃO ÀS LINGUAGENS TOTALITÁRIAS

"o fato resultando da raça". A partir desta *frase*, como ele a chama, afirma que aos seus olhos as descobertas particulares acumulavam-se para dar-lhe razão: "*A geografia contava o que se exibia*" à sua vista. O pernicioso *Ensaio* em seis volumes vai expor diante do público francês indiferente este vasto conto geográfico pelo qual o leitor alemão, no fim do século, será subitamente imerso, a partir de pontos de emissão ou de retransmissão constituídos por Richard Wagner e seus *Bayreuther Brätter*.

Assim, a linguagem contraditória da *pretendida narração* – que vai de Hotman a Boulainvilliers e Dubos, de Mably a Sieyès e Montlosier até Guizot e Thierry – vê-se submetida a um deslocamento que a faz mudar de língua e cruzar o Reno, em sentido oposto à travessia dos francos. Esse deslocamento narrativo mudou ao mesmo tempo seu sentido, porém, em relação com todo um contexto, ou mais precisamente, um *hors texte*[7] (texto exterior) que determina toda uma cadeia de mudanças materiais.

Aquilo que Mably chamara *circunstâncias mudadas*, o que a concepção materialista da história designa como um abalo material nas condições da produção social, preenche e determina o intervalo entre o momento da narração boulainvilliana ou gobiniana e a das *Folhas de Bayreuth*. No ano de 1873 irrompe o que os vienenses denominam imediatamente como o *Grosse Krach* (Grande Estouro da Bolsa) no universo econômico do capitalismo ocidental. Alguns anos mais tarde, os *Cahiers antisémites* de um certo Wilhelm Marr disseminam num determinado público o neologismo em forma de epíteto que lhes serve de título.

É baseada numa certa revolução material – *Umwälzung* é, em Marx e Engels, a palavra propriamente alemã para traduzir no plano econômico o termo demasiado francês de *revolução* – que essa narração se desloca de um lugar a outro e de cadeia em cadeia, a partir do que era na França, de maneira característica, uma mensagem ignorada pelo "partido contrarrevolucionário". As transformações da *pretendida narração* – por exemplo, entre Hotman, o protestante ou Bodin, o economista

---

7 No sentido de Iouri Lotman (Poétique structurale, em *Change* 6).

e Montlosier ou Gobineau – estão em correlação, precisa e enigmática a cada vez, com o campo em que se propaga o que convencionou-se chamar os movimentos econômicos de longa ou média duração. Movimentos que Sismondi e Clément Juglar, depois um certo Marx mais uma vez, foram os primeiros a perceber, através de seus instantes de crise ou de maneira mais precisa, de reviravolta – e que descrevem sobre o solo da História, de sua base real, traçados bem determinados. O que é necessário perceber com precisão, em última análise, é a relação entre esses traçados reais, de uma parte, e o desenho das narrações, de outra.

Antes, porém, com esse objetivo, importa distinguir mais atentamente o paradoxo fundamental da História, no qual incessantemente o pensamento tropeça, mas sem tê-lo jamais tornado completamente explícito: que a História – a palavra *História* – designa ao mesmo tempo um processo ou uma ação real e o relato dessa ação. Relato que, concomitantemente, enuncia a ação – e a produz. Pois, a cada momento e de maneira comparável à cena de teatro descrita pelas *Divagations* mallarmeanas, "*enunciar* significa *produzir*".

Mais precisamente: o *processo* propriamente dito da História manifesta-se em cada instante como duplo – *ação* e *relato*.

O ENUNCIADO NARRATIVO: *MYTHOS* CONTRA *LOGOS*

Na sequência do que, pretendidamente, "a geografia contava" ao conde de Gobineau, poder-se-á ler, a partir do ano de 1933, em uma das revistas que se dedicam, no mais baixo dos níveis intelectuais, a prosseguir a narração gobiniana sobre uma pretensa desigualdade das raças humanas: essa revista se chama *Volk im Werden* (O Povo e seu Vir a Ser) e seu fundador é um certo Ernst Krieck. Em diversos textos entre os anos 1934 e 1940 – dirigidos principalmente contra um pensamento que ele considera como seu rival na luta pelo estatuto de filósofo oficial do nacional-socialismo e que, deste ponto de vista, denuncia aos serviços de Rosenberg na Direção da Visão-do-Mundo para o Reich: o pensamento de Martin Heidegger –,

16 INTRODUÇÃO ÀS LINGUAGENS TOTALITÁRIAS

ele ataca com veemência o que lhe parece ter sido inaugurado pela aparição grega do Logos e do conceito. Com os "aprendizes de feiticeiro do Logos [abrir-se-ia] o período do niilismo ocidental: o período do mais longo erro e da mais longa errância" ("des längsten Irrwahns und Irrweges").

Com a filosofia grega e seu prolongamento ocidental "começa a repressão[8] do mito pelo Logos". A partir daí e desde então, "o niilismo se desenvolve". Ao mesmo tempo e por essa aparição do Logos, começa o "julgamento e a decisão" sobre a relação "entre verdadeiro e não-verdadeiro". Daí "procede toda a lógica formalista que domina os espíritos desde Parmênides até nossos dias".

Tais sequências permitem perceber os parentescos e mesmo as homologias com diversas cadeias de discursos que lhes são contemporâneas na ideologia alemã do período entre as duas guerras mundiais[9]. O que é pois esse mito que *reprime* o Logos e que são estes "funâmbulos do Logos puro"? É que "o mito relata" ("der Mythos erzäht"), precisa Krieck. O Logos, ao contrário, "não quer contar, mas julgar e decidir". Para o filósofo, um *enunciado narrativo*, um "erzählende Aussage" – como, por exemplo: os gregos venceram Troia – não tem nem sentido nem valor: mito e não Logos. Tão ingênua e perniciosa é a confusão de Krieck, doutrinária do povo e seu vir a ser, que ele identifica imediatamente o mito e a história: "O mito conta, conta do começo ao fim, da ascensão à decadência. Conta o evento, a história no sentido mais amplo: a História".

Identificar o mito com a história, depois descrever como repressão do mito pelo Logos a intervenção do julgamento (que, ao decidir entre "verdadeiro e não-verdadeiro", teria assim "reprimido e violentado"[10] o enunciado narrativo), é

8 *Es beginnt die Verdrängung des Mythos durch den Logos* (*Volk im Werden*, 15 de outubro de 1940). Podemos nos surpreender de ver usado, em tal contexto, um termo chave do léxico freudiano. Sem dúvida é preciso compreendê-lo aqui no seu sentido pré-analítico, tomado no "conjunto de conceitos filosóficos" do qual Freud se utilizou e ao qual Louis Althusser faz alusão.

9 Sobretudo e precisamente a de Heidegger: de maneira paradoxal, porém, quase palavra por palavra, a partir do seminário do verão de 1935, como réplica ao primeiro ataque de Krieck.

10 *Verdrängt und vergenwaltigt*. Esta noção de *repressão* pelo Logos fez singulares reaparições, como a denunciação do *Logozentrik* em Klages, citada na revista do Dr. Göring, primo do marechal e Reichsführer da psicoterapia (e que será traduzida em francês).

A NARRAÇÃO 17

efetivamente desvelar com uma ingenuidade presunçosa o terreno escolhido por Ernst Krieck para desenvolver sua ordem de narração mítica. Esta é assim introduzida expressamente no campo político por este representante característico da ideologia alemã no período entreguerras, marcado por uma trajetória que o conduziu dos clubes conservadores – mais precisamente, do Clube jovem-conservador dos anos de 1920 – até o Partido nacional-socialista dos anos de 1930. Raramente foi mais peremptoriamente afirmado que uma ideologia regressiva se manifestava como um *enunciado narrativo* colocado a priori fora da distinção "entre verdadeiro e não-verdadeiro", sob o pretexto característico de ultrapassar sua *repressão* pelo Logos ou a *ratio*. Que uma ideologia proclame assim ter-se "insurgido contra o Logos" ("aufgestanden gegen Logos") para retornar ao estadio, pretensamente reprimido, em que não há *enunciado verdadeiro*, é precisamente o que confere aos textos do absurdo Krieck, a despeito de sua indigência intelectual, um valor de indício.

O que é então esta narração que não é *verdadeira* e que – "com nossa visão-do-mundo", afirmava Krieck – insurgiu-se contra o Logos e o conceito? Esse termo *visão-do-mundo* – tão caro aos nazistas e cujo adjetivo, intraduzível para o francês, é habitualmente traduzido por *ideológico* – conota aqui de maneira característica o enunciado narrativo. Uma ideologia política coloca em sua origem uma narração, em nome da qual se insurge contra o Logos – e contra sua *dia-lética*. Tal é efetivamente a profissão de fé anti-hegeliana de Ernst Krieck: "Senhor, preserve-nos dos dialéticos!".

Pode-se suspeitar que o funcionamento dessa narração ideológica, que age aquém de toda diferença "entre verdadeiro e não-verdadeiro", opere entre as linhas do relato fornecido por Joseph Goebbels, em seu *Diário Secreto*, de seus primeiros encontros com aquele que chama então em alemão *Der Chef*: "Na manhã de 26 de julho do ano de 1926, nós nos levantamos, [escreve ele]. O chefe está sozinho comigo. E ele conta diante de mim, como um pai conta para seus filhos" (*Er erzählt mir*). Nesse conto pretensamente paternal, podem-se entrever os traços da narração ideológica pela qual o autor do *Diário Secreto* encontrar-se-á colocado em movimento, para terminar, em direção a Berlim. "Ele conta [...] E sempre, em grandes traços, colocando em cena a vida". Pode-se presumir que essa "vida" é ao mesmo tempo história, se tomarmos por referência o que, dois dias antes, está escrito: "O Chefe fala sobre as questões da raça". Os pretendidos traços da vida convergem ao que a geografia contava ao conde de Gobineau. O termo desta narração das narrações, no *Diário Secreto* do pequeno doutor, será: "Agora, dentro de uma semana, estaremos na capital do Reich". O conto pretensamente paternal que é contado ao pequeno doutor e que já o atrai para o "combate por Berlim", é uma narração que não é verdadeira, mas se faz terrivelmente *ativa*.

Tal é pois o enunciado narrativo que se insurge contra a diferença "entre verdadeiro e não-verdadeiro" e tal é, ao vivo, a marcha dessa narração ideológica para "o grande deserto de asfalto" berlinense, descrito por antecipação ao início da partida pelo último texto do pequeno doutor, intitulado *Proletariado e Burguesia*, que retoma e resume para *Cartas Nacional-socialistas*, revista dos dois irmãos Strasser, o combate contra o inimigo principal: o marxismo.

RELATO MÍTICO, NARRAÇÃO CRÍTICA

Os alemães, dizia Marx em *A Ideologia Alemã*, são um povo de homens "sem pressuposições"... Pode-se constatar que, no momento em que se desenvolve a narração ideológica de Krieck e de seus amigos, *uma certa pressuposição* afirmou-se entre eles, mais enfaticamente designada como *visão de mundo*. Porém, o que os nazistas alemães qualificam de *weltanshauunglich*, mesmo os nazistas franceses deverão traduzir por *ideológico*. O que é a *ideologia em geral*, perguntava Marx: *die Ideologie überhaupt?* Esta *camera oscura*, na qual "o que dizem os homens" substitui os "homens corporais" – *Was die Menschen sagen... die leibhaftigen Menschen* – é uma câmara que não tem história. Se os homens têm uma história, é "porque eles devem *produzir* suas vidas e, certamente, de uma maneira determinada" (nota acrescentada à margem, sobre o manuscrito do marxismo – *Von Marx am Rande...*). Com este simples advérbio – *zwar, é verdade* – abre-se um espaço de múltipla verificação, porque o trabalho é o processo entre o homem e a natureza, *"através do qual o homem torna possível, por sua própria ação, sua troca material[11] com a natureza"*.

Face aos alemães, povo privado de pressupostos, a economia inglesa é o lugar doravante clássico em que se determinam de maneira original um certo modo de produção e suas categorias ou formas de pensamento. Lugar que vem a ser assim, sublinha Marx, "a ilustração principal de meus desenvolvimentos teóricos" – ou a série de "exemplos principais". Porém, face aos exemplos ingleses, "se o leitor alemão se permitisse um movimento de ombros farisaico a propósito do estado dos operários ingleses, industriais ou agrícolas, ou se se iludisse com a ideia otimista de que as coisas estão longe de ir tão mal na Alemanha, eu seria obrigado de gritar: *De te fabula narratur!*"

O texto alemão dava aqui uma tradução entre colchetes: *Über dich wird hier berichtet* ("É sobre você que foi contado – É sobre você que se narra").

Ora, assim anunciada, a narração do livro primeiro coloca a nu seus meios críticos ou, o que é equivalente aqui, seus procedimentos de verificação. (Notemos que Roy traduz por esta última palavra o termo *Kritik*[12].) A descrição dos *exemplos principais* e, através deles, as *categorias* da economia burguesa e, enfim, através desta, as *tendências que se manifestam com uma necessidade de ferro* – esta superposição de níveis refere-se finalmente a um estado de registro que é aquele das Comissões de estudos periódicos sobre a situação econômica, com seus inspetores de fábrica e seus prestadores de contas (ou de contos), seus *Berichterstatter*: aqueles, Marx acentua enfaticamente, estão na Inglaterra, no centro do horror e do terror próprios à revolução industrial do capitalismo, armados "de plenos poderes para a busca da verdade" – *zur Erforschung der Wahrheit*. Através de seus níveis diferentes de desenvolvimento teórico, a *narração* do livro primeiro do *Capital* é crítica porque ela se arma de plenos poderes para relatar uns aos outros seus registros e, uns pelos outros, verificá-los. Narração pois de

---

11 "Stoffwechsel", literalmente: *troca de matéria*.
12 "Ohne weitere Kritik" ("sem nenhuma verificação")

conceitos, esses *relatos abstratos*[13] eram como a *fábula crítica* da economia burguesa. Ou a *narração crítica* de uma fábula que tinha – por sua relação determinada a outros registros: aqueles dos prestadores de contas – uma *verdade objetiva*.

Aqui são assinalados com precisão os graus de diferença nos níveis da narração ideológica. Ao relato que não quer decidir "entre o verdadeiro e o não-verdadeiro" opõe-se a narração crítica que se arma de plenos poderes para a busca da verdade. Posição que está fortemente ligada ao seu aquém e ao seu para além teóricos e políticos: a este texto hegeliano tão decisivo que recopiam e reescrevem os *Cahiers de philosophie* (*Cadernos de Filosofia*) leninistas: "A filosofia não deve ser o relato do que se produz. Ela deve buscar conhecer o que existe de *verdadeiro* nele"[14]. Porém, qual é a relação exata entre esse *relato* (*rasskaz*) e o *verdadeiro* (*istinnyi*)? Colocar essa questão – a questão da diferença entre o relato mítico de Krieck, o jovem-conservador nazista, e a narração crítica de Marx, o dialético –, é entrar efetivamente numa crítica da função (ou da *razão*) narrativa.

---

13 "As ideias não são outra coisa que narrações ou histórias da natureza no espírito", em (B. Spinoza, apêndice aos *Principes de la philosophie* (*Princípios da Filosofia*), I, 6.

14 "*No philosophia doljna byt ne rasskazom o tom, chto soverchaietsia, a poznaniem togo, chto v nienm istinno*" (N. da E.: transliteração do original russo pelo autor).

2. Crítica da Razão Narrativa

O mesmo que copia e reescreve a lógica hegeliana em meio a uma guerra mundial tinha, alguns anos antes, iniciado uma controvérsia com seu amigo Bogdanov sobre um terreno completamente diferente: a crise da física e da teoria da ciência. A Bogdanov, afirmando não existir um critério da verdade objetiva e para quem "a verdade é uma forma ideológica", Lênin replicava: "Se a verdade é apenas uma forma ideológica, não pode haver uma verdade independente do sujeito ou da humanidade, pois, tanto quanto Bogdanov, não conhecemos outra ideologia que a ideologia humana".

E, se a verdade é somente uma forma organizadora e totalmente ideológica da experiência humana, então "a asserção da existência da Terra exterior a toda experiência humana não pode ser verdadeira". Dessa demonstração pelo absurdo, destaca-se uma conclusão clara: "A negação da verdade objetiva constitui um agnosticismo e um subjetivismo. O absurdo dessa negação de Bogdanov ressalta claramente".

Assim, o jogo das formas ideológicas – que organizam a experiência humana – não pode excluir uma *verdade objetiva* que, precisamente, traça a diferença entre ciência e ideologia.

22 INTRODUÇÃO ÀS LINGUAGENS TOTALITÁRIAS

É "essa *diferença (raznitsa)* que Bogdanov suprimiu ao negar a verdade objetiva".

Porém, qual ciência pode aparecer através do "relato do que se produz" e o que pode ela buscar conhecer do que é "interiormente *verdadeiro*"? No campo em que transitam vários relatos do que aconteceu – vários relatos dos quais cada um é *ideológico*, justamente na medida em que é "organizador da experiência humana" –, qual é a ciência capaz de enunciar os critérios de uma *verdade objetiva* e decidir, entre os enunciados narrativos, "entre o verdadeiro e o não-verdadeiro"? A questão torna-se: como a narração histórica é possível?

Pois não há história – digamos, da "França" – antes da narração troiana ou outra *pretensa narração*. Sem dúvida, campo e cidades são corporalmente habitados, corpos movem-se e engendram-se – mas também produzem e lutam e se matam todo o tempo. E existe história desde que esse corpos vivos *produzem* as condições de seus movimentos e de sua reprodução: pois produzir supõe saber que se produz. Pode-se levantar o braço ou pegar um objeto sem saber o que se faz. Mas produzir uma ferramenta, esse objeto feito para produzir objetos, é saber que se produz. História é esse *saber* no tempo, o ίστωρ é aquele que sabe dizer: *eu sabia* ou *eu sei*, ειδου ou οιδα . O *Narrator* é também *Narus* ou *Gnarus*, o contrário do ignaro: *aquele que sabe*. Roman Jakobson tinha razão ao dizer que a produção de ferramentas e a aparição da linguagem[1] são um único e mesmo processo, o da dupla articulação.

Desde que a história se produz, ela se sabe – mas ela se sabe *pretensa narração*? À medida que se propaga o campo (e os entrecruzamentos) da narração pretendida, vê-se-a incessantemente *concluir* em termos de *estabelecimentos* – como os Estados gerais, na narração de Mably – seguidos eventualmente por uma forma ou outra de *imensa revolução* – ou contrarrevolução. Relato do Huno que produz a *revolução* franca da passagem do Reno; ou narração de Mably, que conclui pela *imensa revolução*; e *narratur* marxista, ou *rasskaz* leninista, esforçando-se, com Hegel, por conhecer em seu próprio relato "o que há de verdadeiro lá dentro" – ou, inversamente, conto

---

1 E a proibição do incesto.

CRÍTICA DA RAZÃO NARRATIVA   23

gobiniano, *Erzählung* do Chefe pretensamente paternal ou do reitor Krieck, recusando ao *enunciado narrativo* o poder de decidir entre verdadeiro e não-verdadeiro: eis então alguns dos traços fundamentais desenhados sobre o campo da história pela própria ação da narração histórica.

Sem dúvida, uma linha de demarcação se traça diante de nossos olhos: de um lado, a narração que recusa a *decisão* "entre verdadeiro e não-verdadeiro"; de outro, aquela para a qual tal recusa apaga toda *diferença*, toda *raznitsa* entre ciência e ideologia. Demarcação fundamental, que coloca Bogdanov, o empírico-criticista (ou neopositivista), sem que o saiba, do "lado errado".

Mas não basta ver desenhar-se essa demarcação para que desapareça, de imediato, a questão: como a história é possível, uma vez que todos os seus relatos – incluindo esta ou aquela pretensa narração – são capazes de exercer uma ação sobre ela? Se todo relato histórico, verdadeiro ou não, corre o risco de ser ativo a ponto de *modificar a face* da própria história, se o relato *falso* também porta consigo o poder material de exercer um efeito narrativo – então, como escapar à *pretensa narração*, o que é a narração *verdadeira*?

A velha *teoria do conhecimento* – ou, como se traduziu mais pesadamente, em função das exigências da língua francesa[2], a *gnosiologia* – tem, por pré-condição, uma crítica de *Narus*, aquele que conhece: do *Narrador*. A teoria do conhecimento pressupõe uma teoria da narração.

O TEXTO DO RELATO

Em outubro de 1892, após mais de vinte anos de Reich bismarckiano, seu fundador reconhecia publicamente ter *falsificado* – o termo é então violentamente discutido na imprensa alemã – o famoso comunicado, na origem do Segundo Império alemão. Em dezembro, a posição dos marxistas no Reich alemão é levada a público em uma brochura

---

2 Pois nenhuma palavra francesa podia ser constituída para traduzir o adjetivo alemão *erkenntnisstheoretisch* (literalmente: conhecimento teórico).

de Wilhelm Liebknecht[3], incluindo seus discursos pronunciados no Reichstag ou seus artigos assinados contra o chanceler, publicados no *Volksstaat*, no decurso dos anos que se seguiram à guerra franco-prussiana. Liebknecht lembrava que esses discursos e artigos haviam-lhe custado ser inculpado e condenado.

Um de seus artigos começa pela lembrança do que tinha sido descrito pelo deputado Keratry, no Jornal Oficial, sobre a sessão do Corpo legislativo realizada em 15 de julho de 1870: nesse dia, a pedido de Jules Favre, dois comunicados de agentes diplomáticos no estrangeiro foram transmitidos, – "contendo o *texto do relato (den Text der Erzählung)* da ofensa pública sofrida em Ems por nosso embaixador junto à corte de Berlim – texto que, como declarou o Duque de Gramont, tinha sido endereçado por Bismarck, em forma de circular, a todos os gabinetes estrangeiros". Telegrama "que nos foi apresentado (*dargestellt*) como o *relato oficial* (*offizielle Bericht*) da ofensa". E por aquilo que acreditava saber de sua proveniência, o governo francês teve todas as razões para supor, sublinha Liebknecht com ênfase, que esse documento problemático era autêntico e *verdadeiro*, quando se tratava de uma "infame falsificação".

Desde 1873, Liebknecht tinha colocado a questão: quem é o autor do telegrama? E proposto a resposta: o conde Bismarck. Dezenove anos mais tarde, este último, afastado do poder, efetua um retorno à política reconhecendo, durante uma entrevista concedida a um jornal de Hamburgo, que é ele, sim, o redator do despacho: "É tão fácil, sem falsificação, simplesmente por omissão e rasura, modificar inteiramente o sentido de um discurso". Com efeito, o rei acabara de enviar-lhe o comunicado de Ems, dizendo-lhe para publicá-lo parcial ou integralmente. "E como eu o tinha reduzido com rasuras e contrações, Moltke, que estava perto de mim, exclamou: *Era um rufar, agora é uma fanfarra!*". Apenas o riscar da frase – *Strich* – é suficiente para essa transformação. Em maio de 1876, Albrecht von Roon, na muito conservadora *Deutsche revue*, já tinha revelado que

---

3 *Die Emser Depesche, oder wie Kriege gemacht werden*, Nurembergue: Verlag Von Wörlein & Comp., 1899.

CRÍTICA DA RAZÃO NARRATIVA

esse "grito de alarme" fora redigido durante uma sessão do Staatsministerium. Quem não conhece o despacho de Ems? perguntava, em 4 de maio, o jornal do partido de Liebknecht, esse comunicado que "contava (*erzählte*) o ultraje infligido a Benedetti pelo rei da Prússia e que causara (*herbeiführte*) a guerra franco-alemã". Em novembro de 1892, após a confissão do ex-chanceler, um confidente anônimo publicava em um jornal vienense o detalhe da cena, responsabilizando o chanceler, enquanto narrador na primeira pessoa: "Deixei apenas a cabeça e o rabo. Agora o despacho parecia completamente outro. Li a Moltke e Roon essa nova versão. Os dois exclamaram: 'Esplêndido! Isso deve funcionar!' (*Das muss wirken!*) Comemos com o melhor dos apetites".

O autor, que é ao mesmo tempo o ator principal, destaca pois, com a mesma segurança que seu adversário marxista, uma relação contudo enigmática – aquela que liga um *relato*, e suas rasuras ou seus *riscos*, a uma *ação*, como *causa* de uma guerra de imensas consequências.

O relato, que é *falso* ou *falsificado* – o desvio quanto ao relato *verdadeiro* sendo produzido por alguns riscos ou rasuras –, *age* assim de maneira maciça. E, paradoxalmente, age sobre os atores ou sujeitos (diríamos, com Khlébnikov[4], os *atuantes*) do próprio relato, através de uma relação privilegiada. De um lado, essa ação se exerce sobre o embaixador Benedetti ou, mais exatamente, seu referente, o *povo francês*: enquanto que "na verdade, assegura o chanceler, tínhamos apresentado a nosso rei e senhor uma exigência insultante, o despacho age sobre os franceses como se seu alto representante tivesse sido destratado por nosso rei". Mas, de outro lado, e é o mais estranho dos efeitos, o texto *falso* age sobre o próprio rei, emissor inicial do relato: de volta a Berlim, chamado pelo chanceler, vai aí encontrar-se aclamado por seu povo, para sua grande estupefação. "Reconhece que se trata, na verdade, de uma guerra nacional, de uma guerra popular, que o povo desejava e necessitava". Há pois, a partir do relato falso, muito de *verdade* que se manifesta ou produz, em dois

---

4 Terminologia retomada por Algirdas Julien Greimas, após Lucien Tesnière, *Eléments de syntaxe structurale* (Elementos de Sintaxe Estrutural), Paris: Klincksieck, 1959.

26 INTRODUÇÃO ÀS LINGUAGENS TOTALITÁRIAS

pontos diferentes, nas duas referências opostas da narração. E um estribilho singular faz isso aparecer nas confissões particulares do ex-chanceler: *Und gerade wie drüben, wirkte die Sache hüben* ("E assim como do lado de lá, a coisa age do lado de cá").

A ação do relato *age* sobre os dois sujeitos sucessivos da própria narração. O efeito do enunciado narrativo é, por duas vezes e como eco um do outro, produzido na realidade. E, ao menos uma vez, esse enunciado *falso* teria um efeito *verdadeiro*.

É preciso acrescentar que a *verdade*, que o ex-chanceler descobria em seu próprio enunciado, não é a mesma que lhe atribui, em um partido animado por Marx e Engels, seu adversário mais encarniçado, Wilhelm Liebknecht. Segundo este último, o conde Bismarck pensava agir em proveito de sua própria classe e da dinastia, porém, "em verdade, só trabalhou e trabalha pela revolução". Pois, como afirma energicamente Liebknecht, o que há de reconfortante e belo na história universal é que todos os atos de violência dos poderosos desta terra não conseguem contudo estancar o desenvolvimento cultural da humanidade.

O que fica imediatamente exposto, segundo Liebknecht, é a "decadência de nossos partidos capitalistas" e a corrupção de sua imprensa, que nega de maneira decidida o *falso* – mesmo quando revelado por uma revista ultraconservadora e confessado por seu autor –, mas glorifica ao mesmo tempo seus efeitos. Após os primeiros artigos de Liebknecht, certo jornal bávaro responde denunciando seu "ódio venenoso", exaltando "o combate sangrento da guerra gloriosa" e (linguagem impressionante, quase heideggeriana) a vontade de ater-se resolutamente ao que confere "a nosso *Dasein* um valor autêntico", àquilo que "o mecanismo da vida quotidiana coloca em segundo plano"... Um tal contexto de linguagem revela todo o alcance da mensagem do falso telegrama. Mais que isso, a própria confissão do ex-chanceler tampouco reduzirá esse alcance: com exceção da imprensa marxista, nenhum jornal, nos dizeres de Liebknecht, ousou pronunciar algo a esse respeito. Alguns publicarão a entrevista, suprimindo a sequência que tratava da falsificação.

CRÍTICA DA RAZÃO NARRATIVA   27

TRANSFORMAÇÕES NARRATIVAS E AÇÃO

Essa omissão pertence, então, à *narração generalizada*, da qual o relato em cem palavras do despacho é somente a sequência-chave.

Pois aí reside o fenômeno fundamental, cujas condições de produção e efeitos trata-se de compreender: todo esse *campo narrativo*, cujos elementos estão em vias de emissão ou deslocamento, uns em relação aos outros.

Pertence em princípio a esse campo aquilo que Liebknecht denomina o despacho *verdadeiro*: aquele que o rei envia a seu chanceler. Em seguida, aquele que este último, depois de tê-lo "redigido", faz publicar na mesma noite na edição *extraordinária*, a *Extra Blatt*, do *Norddeutsche Allgemeine Zeitung* e daí retransmite pela agência Wolff a todos os governos estrangeiros (exceto a França). Esses dois *textos de relatos* serão reeditados por Liebknecht, antes de muitos outros, em duas colunas paralelas, sob os sinais de *verdadeiro* e *falso* – de *echt* e *gefälscht*. Porém, a esses dois textos paralelos acrescentar-se-ão os comunicados tranquilizadores que Benedetti transmite em 14 de julho a seu governo e que chegarão demasiado tarde – depois do relato do relato que o governo Ollivier terá pronunciado por sua vez, com "o coração leve", diante do Corpo legislativo, a partir dos despachos de seus representantes no estrangeiro. Enfim, o relatório, ou os *Pro-memoria*, que o ajudante-de-campo do rei, o príncipe Radziwill, redigiu e enviou, por uma via não telegráfica, a Berlim, em 17 de julho: esse relatório inclui o despacho *verdadeiro*. Assim como o discurso de Ollivier continha o despacho *falsificado*, o discurso do sucessor de Bismarck, o conde Caprivi, em 23 de novembro de 1892, conterá o "pretenso despacho verdadeiro" – *die sogenannte echte Depesche*. Enfim, em uma certa imprensa, o *Mensageiro do Reich*, do pastor Stöcker – primeiro jornal explicitamente antissemita na Alemanha – aparece, desde 26 de maio de 1876, a referência a um "segundo despacho verdadeiro", um sósia mítico – como o chama Liebknecht – do despacho falsificado, a partir do qual este último teria sido redigido. Alegação que mostrava, como conclui Liebknecht, que mesmo esse jornal estava convencido "da falsidade do despacho

28 INTRODUÇÃO ÀS LINGUAGENS TOTALITÁRIAS

falsificado". E da mesma forma que a *omissão* do que se situava, no despacho verdadeiro, "entre a cabeça e o rabo" pertence fundamentalmente ao texto do relato bismarckiano e, mais tarde, *a omissão* da confissão do ex-chanceler nas narrações da "imprensa capitalista" – de maneira comparável, o *acréscimo* do "sósia mítico" ao campo, efetuado pelo jornal antissemita de Stöcker, pertence ao campo geral das transmissões de relato e ideologia.

E ainda: é pelo jogo de deslocamentos recíprocos dessas transmissões que o *efeito de ideologia* vai aparecendo cada vez mais. Tomado isoladamente, o texto do relato do despacho abreviado – em que se encontram justapostos *cabeça* e *rabo* – é uma versão do passeio do rei. No conjunto do campo político europeu de 14 de julho de 1870 – ou do campo parlamentar alemão nos anos de 1876 ou 1892 – esse relato decorre expressamente da "política de ferro e sangue" que se abateu sobre a Europa, antes de concentrar-se no novo Reich alemão: ao menos, tal é a percepção de Liebknecht e seu partido, que igualmente a atribui ao filho do rei, o futuro e efêmero Frederico III, adversário do *Blut-und Eisen-Politikus*. Ideologia que Moltke, companheiro do *Politikus*, enunciava nos seguintes termos, a propósito do laboratório que tinha sido a guerra austro-prussiana: combatemos "não por um ganho material, mas por um bem ideal – a posição de potência". Pilhagem e assassinato, como traduz imediatamente Liebknecht: "moral de criminoso" (*Verbrechermoral*). Mas é o *desvio* entre os textos de narração que permite perceber as diferenças no campo ideológico àquele que se arma dos plenos poderes da *crítica* ou da verificação: a moral de criminoso traduz-se por *bem ideal*, no outro extremo do campo.

Nesse campo em que se deslocam os desvios narrativos, torna-se evidente que o efeito do relato é portador de ação. O termo volta incessantemente: O telégrafo informava o Sr. Von Bismarck, durante todo o dia, sobre a ação – *von der Wirkung* – de seu texto incendiário nas esferas governamentais, na Câmara e no público.

Em seu discurso de 1º de dezembro de 1892, no Reichstag: "Quando o rei da Prússia retornou a Berlim, nesse meio tempo, o despacho atingira o país e o estrangeiro e, quando Benedetti

CRÍTICA DA RAZÃO NARRATIVA 29

chegou à França, a guerra já fora declarada. O comunicado de Ems tinha realizado sua ação – *ihre Wirkung gethan*".

Quando, em 1870, a guerra já estava bem encaminhada, a fim de ajudar o despacho de Ems "redigido" e estimular ainda mais sua ação – *ihre Wirkung noch* –, um outro comunicado de guerra "redigido" despertou um clamor de indignação na Alemanha sobre a conduta bárbara dos franceses. Refiro-me ao famoso comunicado sobre o cerco de Sarrebrück, "reduzido a cinzas pelos franceses". Marx, no Livro Primeiro, descrevia os "*quanta* de valor" portados pela mercadoria. A análise de Liebknecht indica, de maneira comparável, como o efeito de narração ou de *redação* carrega consigo um certo *quantum* de ação, que pode ser maciçamente multiplicado no campo. E isso mesmo se o *texto de narração*, transmitido a diversos pontos por partículas materiais, a partir da agência telegráfica Wolff, é ele próprio desprovido de massa ou peso.

Aqui, a transmissão do efeito, tal como a descreve Liebknecht, produz abalos imensos. Liebknecht, em 1876: "Os dois povos mais refinados do continente europeu dilaceraram-se mutuamente durante oito anos em combates bárbaros, centenas de milhares de homens foram mortos ou mutilados, centenas de milhares de famílias perderam tudo, inumeráveis cidades e aldeias foram devastadas e incendiadas".

O partido de Engels, em seu órgão de 4 de maio: "a guerra que trouxe morte, mutilação, enfermidade, uma pobreza indizível, a ruína econômica a milhões de homens" – tudo isso, esse despacho que "contava o insulto" – e do qual terminamos por saber que era falsificado, através das "publicações autênticas" de Benedetti e das indiscrições de um confidente de Bismarck, tudo isso esse conto *produziu* (*herbeiführte*).

Liebknecht, em 1892: sem essa guerra, o Império francês teria desaparecido por si mesmo, sob o impulso de um movimento interno, "e a situação ignominiosa e antinatural que a Europa deve sofrer agora ter-nos-ia sido poupada – o militarismo sufocante, o perigo pemanente de guerra e a preponderância malsã da Rússia, como consequência do antagonismo entre a Alemanha e a França".

Sem dúvida, a burguesia alemã é próspera e vê na ressurreição do Império alemão "florescer o Reich milenar de sua

30 INTRODUÇÃO ÀS LINGUAGENS TOTALITÁRIAS

dominação". Porém, esse mesmo termo, esse sintagma arcaico que será, quarenta anos mais tarde, efetivamente proclamado – *das tausendjährige reich* –, Liebknecht não está completamente errado ao ler nele ilusões pueris.

Esse abalo gigantesco, cujas consequências ele próprio não pode medir completamente, produziu-se portanto – por uma *transformação* do enunciado narrativo, uma *Verwandlung*, que mudou a paz em guerra. Pois, como resume Liebknecht: "O *verdadeiro* despacho de Ems anunciava o prosseguimento pacífico das últimas negociações em Ems. Ele era a paz. O comunicado de Ems *falsificado* encenava (*steellte dar*) de tal maneira essa tendência que a guerra era sua saída inevitável. Ele era a guerra.

Isso é o que Liebknecht chamava: a falsificação e a *transformação*. Transformação, precisa ele, retomando os termos de Moltke, de um *rufar* em *fanfarra*.

RELATO IDEOLÓGICO

Wilhelm Liebknecht, o homem que recusou os créditos de guerra à Câmara da Prússia, assim como os recusará seu filho Karl, de maneira ainda mais perigosa, ao Reichstag – denomina como *temível verdade* o fato de que o Reich de granito e bronze repousava "sobre alicerces de papel (*auf einer Grundlage von Papier*)". Ou, em outros termos, como diz em outros momentos, uma escritura falsificada (*Fälschung von Urkunden*). Falsificação colossal, escrevia desde setembro de 1873, sobre a qual repousa "tudo que foi contado" das origens da guerra franco-alemã e que serviu para mascarar as exigências "de uma política principesca e dinástica e de baixos interesses de classe". O quarto aniversário de Sedan dá-lhe a ocasião de mostrar que as fanfarras do dia decorrem dos esforços daqueles – *Regierung und Bourgeoisie* – cujo interesse é embriagar o povo para desviar seu olhar de sua própria miséria.

O relato que governo e burguesia fazem então das origens da guerra reveste bem a função completamente ideológica da máscara, pela qual o jogo de interesses de classe – o que *A Ideologia Alemã* chamava de *articulação* em classes, a

Gliederung[5] – é recoberto. Ao mesmo tempo, entretanto, apenas prossegue o *texto do relato* constituído pela falsificação colossal, que *causou* ou *conduziu* à própria guerra, fazendo repousar, na sequência desta, a fundação do segundo Reich sobre esses alicerces de papel. No entanto, esse texto de relato já é ele próprio ideológico, pois a falsificação colossal apenas mascarava (*verdecken*) as exigências dos mais baixos interesses de classe. Mas esse texto de relato ideológico teve uma ação e produziu uma guerra, a mais cruel dos tempos modernos, insiste Wilhelm Liebknecht. Tentando desmascarar a longa narração a que governo e burguesia vão dar prosseguimento de maneira obstinada, com os meios que lhes fornecerá infatigavelmente a imprensa dos "partidos da ordem", ele apenas nos designa o processo já em curso diante de seus olhos e que produzirá a guerra, pela segunda vez, no mesmo front, ao término da qual oficiais de corpos francos – dos quais a maioria virá mais tarde a tomar parte em Seções de assalto ou de proteção – assassinarão Rosa Luxemburgo e Karl Liebknecht.

Esse processo é duplo, pois o relato ideológico vem aqui *mascarar* os *baixos interesses* – mas essa máscara ela própria, ao mesmo tempo, *produz* a ação, precisamente por sua *encenação*. Esse desdobramento incessante deve ser seguido, porque pertence àquilo que é o paradoxo fundamental, o paradoxo crítico por excelência da narração histórica ou da razão narrativa.

Escrevendo, ou antes rasurando e cometendo sua falsificação em escritura, o *Politikus*, o chanceler de ferro e sangue, *enuncia* a história – pois o diálogo entre Benedetti e o rei já ocorrera. Porém, ao mesmo tempo a *produz*. Não se trata apenas aqui do desdobramento, capital em linguística, entre processo do enunciado (ou *narrated event*) e processo da enunciação: o chanceler de ferro não se limita a fazer uma enunciação do *evento narrado*. Este, aliás, já está desdobrado: passeio dialogado do rei e *despacho verdadeiro*. O texto do relato redigido em Berlim – e datado de Ems – pelo homem de ferro e sangue não tira seu efeito apenas da virtude de enunciar o que foi o evento, mas de sua *relação* principal a dois outros relatos: o do despacho *verdadeiro*, por um lado,

---

5 "Die Gliederung der verschiedenen gesellschaftlichen Klassen", traduzido habitualmente por "estrutura das diferentes classes sociais".

32 INTRODUÇÃO ÀS LINGUAGENS TOTALITÁRIAS

redigido em Ems em nome do rei, pelo conselheiro secreto Abeken, e o outro, feito em Paris, pelo homem de coração leve. Mas também de sua relação lateral e postergada aos do conde Benedetti e do príncipe Radziwill – e, enfim, de todas as retransmissões, de todas as reescrituras pela imprensa, os discursos, as polêmicas de toda espécie a seu respeito. Nesse campo de reprodução *ampliada*, o que produz o texto do relato redigido a golpes de riscos e rasuras pelo *Politikus* não é apenas a campanha militar preparada de antemão e escrita por Moltke, em vistas do *bem ideal* e da posição de potência, mas também aquela que o primeiro Liebknecht denomina *a era de ferro e sangue* – como sistema de língua ideológica e como realidade. Ao mostrar a *máscara* do texto do relato, o *Politikus* lançou ao mesmo tempo *os dados* – Liebknecht o dirá, igualmente – para esse novo jogo dos *baixos interesses*. Dito de outra forma, o enunciado narrativo não se limita a anunciar aquilo que dissimula, coloca-o em jogo .

EFEITO DA FORMA

Ao evento narrado – o diálogo do passeio –, a enunciação do chanceler e suas proposições de narração não acrescentam apenas um decalque de linguagem. O telegrama *adensado* ou *compacto*[6], como ele mesmo o nomeará confidencialmente, tira *a diferença da ação (der Unterschied in der Wirkung)* própria a seu texto igualmente do fato de que este é imediatamente transmitido à sua volta: essa diferença, dirá o chanceler muito oficialmente, não é o efeito de palavras mais fortes, mas "*da forma* – Liebknecht sublinhará esses termos – que essa difusão faz aparecer como uma conclusão, enquanto a reação de Abeken tinha simplesmente a aparência de um fragmento em uma negociação flutuante, que prosseguia em Berlim". A diferença na ação era, principalmente, *Ergebnis der Form*: efeito da forma, ou seja, da *relação* do evento narrado às enunciações *diferentes*. Essa forma, entre outros aspectos,

---

6 "Erdichtete". Cf. *Entretiens avec Moritz Bush: Bismarck, Some secret pages of his history*, 1899 (Entrevistas com Moritz Bush: Bismarck, Algumas Páginas Secretas de sua história).

CRÍTICA DA RAZÃO NARRATIVA 33

e o chanceler não está errado em sublinhá-lo, consiste em ser difundida em Paris *antes do cair da noite*. O texto de narração reescrito e reemitido pelo homem de ferro e sangue irá preceder o texto do homem de coração leve, antes de retornar a seu emissor inicial, o do despacho *verdadeiro* – e espalhar-se em lugares neutros, como a imprensa inglesa do Athenaum, que vão repercutir sua dupla dimensão. E já "*se contava, sim, encenava-se (stellte dar) pela imagem* como o rei Guilherme da Prússia voltara as costas ao embaixador da França – e mesmo da maneira mais drástica". Obtido pelo modo de retransmissão, assim como pela transformação do *espessamento* sintático, o efeito da forma resulta em uma diferença na ação, na *produção (Herbeiführung) desta*.

Contar a ação, não é apenas *escrever junto* – como quer Tucídides: *syn-graphein* – os diversos testemunhos. Seria, no limite, mensurar de que maneira as narrações das diferentes testemunhas, que são também atores (ou atuantes), modificam a ação pelas diferenças relatadas.

O que se trata de mostrar, segundo essa ciência da história, sobre a qual Marx escreveu – em um parágrafo, aliás, *rasurado* da *Ideologia alemã* – que ela englobava toda ciência, é como o duplo processo do *evento narrado*[7] e das *proposições de narração*[8] introduz a uma economia generalizada, em que a história inteira, e não apenas a história econômica, está tomada e envolvida. Como assinala Marx, quando o objeto mercantil passa de mão em mão, seu deslocamento no espaço social é pura mudança material: tal é a esfera da troca. Mas fazendo isso, passou de sua forma natural à sua forma-valor e, se for o caso, à sua forma-moeda. Interessar-se pelo processo de troca é, pois, ter de "considerar o processo inteiro pelo lado da forma, isto é, apenas da mudança de forma [...] que mediatiza a mudança material na sociedade". E, se é bem evidente que a mudança material *determina (bestimmt)* o mudar de forma, este torna possível ou *mediatiza (vermittel)* aquela.

7 Roman Jakobson: o *narrated event* (N. da T.: em inglês, no texto), ou *processo do enunciado*.

8 Shaumjan, traduzindo ou transcrevendo uma conferência de Noam Chomsky.

INTRODUÇÃO ÀS LINGUAGENS TOTALITÁRIAS

E o homem de Estado que Liebknecht denomina *o Astuto* – o *Politikus* – ou *o Mentiroso* não está errado, no entanto, ao dizer que a circulação do texto de narração age por si só, por sua *Kundgebung*, sua maneira de ter sido entregue ao entorno, na caída da noite. Se, como precisava Marx, no livro primeiro, a sequência que desapareceu da versão francesa (mas permanece bem presente no texto alemão), "se nos atemos somente a esse momento *material*, à troca da mercadoria por ouro, deixa-se precisamente escapar o que se deveria ver, isto é, o que é trazido *pela forma* (*mit der Form*)". De maneira comparável, aquele que Liebknecht chama *o Falsário* declara que a circulação do enunciado narrativo já produzia um efeito de forma (*Ergebnis der Form*) que vai, em compensação, desencadear a inversão de um discurso narrativo: o do homem de coração leve. Assim, o processo de desdobramento próprio da mercadoria em objeto mercantil e em forma-moeda – em que o objeto *defronta-se* assim à sua forma valor ou moeda –, renova-se de maneira surpreendente, num terreno em que se encontra generalizado. O evento contado (o processo do enunciado) já foi posto em marcha entre Ems e Berlim, mas desde aí a *Kundgebung*, a circulação por si só, carrega-o com um efeito de forma. A transformação sintática e semântica, devida a seu espessamento, vai duplicar-se por uma transformação por assim dizer econômica, que se aparenta àquilo que o Livro Primeiro do *Capital* chamava *a metamorfose das mercadorias*.

3. Crítica da Economia Narrativa

Como definir e nomear esse modo de apreensão, obstinado em captar e determinar o *narrated event* inteiramente? Refere-se tanto ao nível linguístico quanto ao econômico, pois está ligado a um *enunciado* e segue-o em sua *circulação* – mas não se pode tratar simplesmente de justapor os conceitos linguísticos aos de economia política. Teríamos a tentação de falar de *semântica política*, se os termos já não fossem usuais para designar algo completamente diferente, descrito habitualmente pela expressão *análise de conteúdo*. E, precisamente, não se trata de maneira alguma de extrair *conteúdos*, mas sim de apreender ao vivo a circulação dos significantes e seu *efeito de forma*. Poder-se-ia pensar em designar essa apreensão com o termo *semiótica* ou ainda, o que dá no mesmo, *semiologia*, em que é o próprio *signo* e, nele, a sua face significante, que é tomado e acentuado. Uma *semiótica histórica*? Porém, se já houve inflação de uma pretendida *semiótica geral*, pudemos presenciar desde então certas imposturas supostamente *semiológicas*[1]. Em vez de associar-se

---

1 Observação que não se aplica, evidentemente, aos admiráveis trabalhos da escola de Tartu. Mas uma certa inflação *semiológica* (ou *semiótica*) é recusada pelo rigor teórico com o qual Chomsky definiu uma teoria da sintaxe e pela repercussão que esta produziu na constituição de uma teoria científica do sentido.

à pretensão de fundar ciências miraculosas, é preferível limitar-se a constituir, sobre a base empírica de uma *sociologia das linguagens*, uma simples *crítica*. Crítica da função do relato que constitui, de maneira mais geral, uma *crítica da economia narrativa* – e, ao mesmo tempo e simplesmente, da história. Não é surpreendente que ela encontre, desde seus primeiros instantes, o método autodesignado como *crítica da economia política*. Essa crítica é o método que tende a constituir como ciência teórica uma *semântica da história*. Mas ela é a própria filosofia.

Exercitar essa crítica supõe necessariamente penetrar nas transformações da narração e de sua distribuição circular ou, mais exatamente, de sua rede. Método cujo paradoxo deve consistir em *fazer coincidir o discurso teórico com a própria narração*, ou melhor, a rede narrativa que coloca em cena ao analisá-la. O analítico da narração histórica é, ao mesmo tempo, um *epos* – uma *epopeia crítica*: a própria epopeia de que nosso tempo é capaz.

Pois o que caracteriza a cena histórica, desenvolvida a partir do *texto de narração* que produziu a primeira das três guerras franco-alemãs, é que faz entrar *em si*, como atores ou atuantes, aqueles mesmos que estabeleceram sua crítica *sobre* ela: Liebknecht (Wilhelm, antes de Karl) age aí por sua crítica, com o próprio Marx, ou entre Marx e Lênin – assim como o chanceler de ferro e sangue, ou aquele que Liebknecht chama, curiosamente, seu *mártir* ou *vítima* admirativa: Nietzsche, "o grande apóstolo da grande criminalidade, o filósofo da infâmia humana". (E é verdade que, através de Schmeitzner, o editor antissemita de Nietzsche, de quem este separou-se desde que percebeu esse traço ideológico, buscou-se por um momento estabelecer alguns vínculos entre o chanceler e o *mártir* que o desprezava).

Quer se tratasse de Boulainvilliers e Gobineau, Rosenberg ou Krieck, por um lado, de Mably e Marx, Lênin e os dois Liebknecht, por outro, pode-se dizer claramente como o discurso da ideologia – ou da análise teórica – articula-se sobre o *texto de narração* e, ao mesmo tempo, encarrega-se, a uma distância mais ou menos longa, de um efeito de forma ou *efeito de relato*, que se passa na própria ação e em sua trama. E isso, em relação ao nível do relato de Ems, em um grau superior

CRÍTICA DA ECONOMIA NARRATIVA   37

de complexidade, uma potência mais elevada da história. Essa articulação entre a *ideia* (narração da natureza no pensamento, segundo a definição spinozista) e o relato desvela-se em cada rodeio da escritura de Nietzsche – o filósofo da *infâmia humana* e precisamente da era de ferro e sangue aberta diante de seus olhos pelo texto narrativo do despacho falsificado.

Melhor que em nenhuma outra, na obra do suposto apóstolo da grande criminalidade, o desvio da história mais real pela ficção torna-se visível e da maneira mais evidente. Em nenhuma outra, a invenção das *ideias* responde mais literalmente aos termos spinozistas. Mas cada *ideia*, em Nietzsche – cada sequência de escritura, para um pensamento que produz espasmodicamente essas vibrações escritas – é uma ficção para ver, um atalho narrativo fulgurante que revira a história em *natureza*. Porém, raramente uma ficção imprimiu-se de maneira mais terrível na história, antecipando-se a certas *ações em retorno*[2] sobre sua base real e entrando em ressonância com estas, com assustadora eficiência. Ao fim da segunda guerra franco-alemã e no discurso, no relato ideológico que conduz às vésperas da terceira guerra, não é mais o chanceler de sangue, mas a escrita das *Considerações inoportunas* que é atual, de maneira bem perigosa.

Exploração do poder de inventar – e narrar – *ideias*, ela transforma-se em poder, senão de transformar efetivamente, ao menos de penetrar a história com uma potência explosiva e contraditória, ou uma espécie de poder separador. Tocar, a tal ponto, o poder do *relato da natureza no pensamento*, já é tocar a própria história.

O fato de remanejar o simples poder de contar pode estar carregado de efeitos. O mesmo livro é um dos primeiros a chamar a *luta de classes* por seu nome e refere-se ao impacto que teve sobre ele, à distância, uma pura ficção narrativa: um romance. O prefácio às *Considerações* de Thierry, o sansimoniano, evidencia claramente que a discussão sobre a *história crítica* e a *história narrativa*, a respeito do direito de conquista e da repercussão de seus efeitos sobre a articulação social a longo prazo, adquire um sentido completamente diferente quando a própria conquista pode, *através do* texto

2 Ações por mudança: *Wechselwirkung*.

narrativo, ser visualizada de forma violenta. Sem as possibilidades formais que, a partir de uma certa data, foram abertas à língua francesa pelas transformações do relato, e nem a força de visão e enunciado que fornecem à *história narrativa*, bem como à *história crítica*, aqueles que, por outro lado, dotaram-se de plenos poderes na pesquisa dos registros *verdadeiros*, a fase real que a história relatará com o nome de *revolução de 1848* não poderia ter sido, ao mesmo tempo, o ponto em torno do qual constitui-se, enquanto método e perspectiva teórica, a concepção materialista da história.

CIRCULAÇÃO: SINAIS ECONÔMICOS, RELATOS IDEOLÓGICOS

Para toda exploração da linguagem e da História, a articulação do relato e do discurso é decisiva no seguinte: o relato é a função da linguagem que *relaciona* o objeto e a ação e remete incessantemente o discurso à ação e ao objeto.

Através dessa relação, a linguagem da ideologia deixa transparecer os pesados registros que a oneram, por assim dizer. Um leitor dos *Anos Decisivos*, de Spengler, ou da *Cidade*, de Ernst von Salomon, saberá, mesmo se qualquer outro vestígio da sociedade alemã do período entreguerras for-lhe retirado, que esta era então atravessada por abalos econômicos de rara violência. Por esses resíduos narrativos, já poderia perceber a semelhança formal entre tais abalos e os que foram primeira e sucessivamente descritos e relatados por Sismondi, Clément Juglar e Marx – com o Balzac da *Maison Nucingen*, dedicada a James de Rothschild. Que haja uma *relação* entre esses movimentos na produção ou circulação de sinais da *vida real* e, de outra parte, a emissão e circulação de relatos ideológicos, deixa-se entrever, com *efeito*, na capacidade sempre presente nestes, seja qual for a parte de mascaramento, de *relatar* aquela.

Porém, a própria função do mascaramento, vista de perto, não é o que há de menos interessante nessa relação. Em Nurembergue – no processo de Nurembergue – o doutor Hjalmar Schacht contou seu papel enquanto perito, e depois ator fundamental, na experiência econômica alemã, que porta habi-

CRÍTICA DA ECONOMIA NARRATIVA   39

tualmente seu nome. Mascarou ou revestiu de tal maneira esse papel que doravante, depois dele, os economistas, a própria *ciência econômica* em seu conjunto, tomaram ao pé da letra as principais afirmações de seu relato. Esses prolongamentos do relato schachtiano e de sua prática de camuflagem mesmo na *literatura científica* de nossos dias foram fortemente sublinhados por historiadores alemães[3], por sua vez dotados de plenos poderes na pesquisa de todos os registros. Mas, precisamente, tais prolongamentos fornecem a própria chave – a *falsa* chave –, a única apta a resolver o enigma dessa experiência singular. O fato de que a versão ideológica (e mascarada) do inculpado de Nuremberg que tenha podido ser tão facilmente adotada por um grande número de versões da ciência permite introduzir-se no mecanismo pelo qual sua versão ideológica precedente – aliás, completamente diferente – tenha entrado na realidade. A sucessão, *a cadeia* dos enunciados narrativos programáticos dados por Hjalmar Schacht do que será, é e foi "a experiência Schacht", *é inseparável da maneira pela qual os encadeamentos dessa experiência funcionaram,* pela qual se deram suas regras do jogo numa obscuridade na qual conseguimos dificilmente penetrar – não sem se *referir* de maneira implícita ou explícita aos marcos que delineavam as versões ideológico-econômicas dos contemporâneos.

A MÁSCARA

O que foi nomeado, no pós-guerra, como *a prática da camuflagem* atua em diversos planos ao mesmo tempo: *Tarnpraxis,* prática da *máscara que torna invisível* (*Tarn*). *Les Principes de l'économie allemande* (Os Princípios da Economia Alemã) publicados por Schacht antes da tomada do poder pelos nazistas, mostram sua ligação ao liberalismo econômico mais clássico, tanto quanto a uma solução política antiliberal. Servirão, face ao "Grande Capital", de camuflagem para a adoção dos programas de criação de trabalho preparados, a princípio, pelos sindicatos socialistas, depois pela ala esquerda strasse-

---

3 Ver Karl Dietrich Bracher, Gerhard Schulz e Wolfgang Sauer, *Die nationalsozialistische Machtergreifung,* Köln: 1962, p. 802 (a terceira parte, depois da página 685, é assinada por W. Sauer).

riana do Partido nazista: programas que tinham suscitado a inquietação e a irritação dos homens do Ruhr. Por sua vez, os programas de criação de trabalho de aspecto keynesiano camuflaram, durante os dois primeiros anos do Terceiro Reich, a operação presente desde os primeiros dias, ou seja, o rearmamento clandestino. Trata-se então de escondê-lo dos controles dos Aliados e mais ainda, de fazer com que a retomada econômica produzida por seu financiamento secreto – a invenção propriamente dita de Schacht, os *efeitos Mefo*, que entraram em ação secretamente a partir de maio de 1933 – seja atribuída à ideologia de criação de trabalho para fins pacíficos e sociais. Mas por sua vez, o rearmamento clandestino preenche curiosamente uma função de camuflagem, pois permitiu esconder à opinião pública o funcionamento exato do financiamento ao qual a Alemanha deve então seu rearmamento acelerado e sua retomada econômica. Assim se explica o fato bastante peculiar de que foi possível manter secreto, durante toda a duração do Terceiro Reich, o sentido econômico dos efeitos Mefo e a ordem de grandeza de suas emissões sucessivas; tal segredo favorecia a performance shachtiana de uma inflação de crédito sem inflação de preços.

Essa tripla camuflagem atravessa, de um extremo a outro, as descrições e os relatórios sucessivos do doutor Schacht. O enunciado explícito de princípios e de representação *ortodoxos* ou *clássicos* permite-lhe, aos olhos daqueles que detêm os meios de produção, a prática de medidas bem pouco ortodoxas. A referência oficial à criação de trabalho *permite, além disso, aos olhos dos Aliados,* mas também das massas que esperam algum aspecto *socialista* do "nacional-socialismo", o financiamento clandestino do rearmamento: é o fim não ortodoxo que camufla o recurso ao meio mais tradicional. Enfim, a alusão antiquada ao *segredo* patriótico exigido pelo rearmamento clandestino permite, aos olhos de uma opinião bastante sensível ao perigo de uma inflação de preços, deixar insuspeitada a extensão da inflação de crédito: dessa vez, a camuflagem do meio *clássico* serve além do mais para camuflar os riscos tomados com as medidas *não ortodoxas*.

Se relermos os diversos textos deixados pelo pretendido mágico das finanças alemãs como uma única narração descontínua

CRÍTICA DA ECONOMIA NARRATIVA 41

do que foram, na Alemanha, a Grande Depressão e a retomada econômica, observa-se, de maneira ingênua ou consciente segundo as fases, essa prática constante que faz dessa narração um relato incapaz de decidir – como o quereria o reitor Krieck, mas num plano completamente diferente – entre o *verdadeiro* e *não-verdadeiro*. Os *Princípios* de 1932 denunciavam todos os projetos recorrendo aos grandes trabalhos de ordem pública. O discurso de 7 de abril de 1933 designava-os como o único meio de reativar o aparelho de produção. O discurso de novembro de 1938 encobre ainda o sistema Mefo, motor das encomendas públicas efetivamente, mas motor de guerra – e isso, numa data em que os objetivos de guerra hitleristas são claramente enunciados. Entre os diversos textos narrativos do doutor Schacht e também os jogos de escritura que os acompanharam, desenvolve-se a mesma circulação de enunciados que opera na relação entre o despacho *verdadeiro*, o despacho *falsificado* e alguns dos relatos ou relatórios que ele induziu, desde a leitura que foi feita diante de Moltke e Roon, até a que se efetua diante do Corpo legislativo em Paris. É a rede dessa circulação que torna possível sua eficácia. Quando os mesmos historiadores alemães descrevem alguns detalhes dessa rede – por exemplo, "a ação (*Wirkung*) de propaganda da política de criação de trabalho, seu valor de demonstração para o novo regime e a legitimação que tal sucesso acarreta em retorno", tudo isso ligado ao fato de "que ela apareceria aos olhos da opinião pública como uma tentativa original do nacional-socialismo para ultrapassar a crise e seu sucesso como a prova de sua superioridade sobre a democracia"–, acrescentam imediatamente: "A que ponto essa prática de camuflagem foi atuante (*wirksam*), revela-se em sua ação à distância (*Fernwirkung*), que prosseguiu até na literatura científica de hoje em dia".

Assim, o que lhes aparecia como a credulidade da *literatura científica* apenas prolonga até nós a ingenuidade que se lê nos relatórios ou relatos – *Berichte* – de economistas de reputação mundial, tais como Wagemann, que foram testemunhas ludibriadas pelos enunciados camuflados. A ação sobre nós apenas prolonga e *verifica* uma ação de então sobre a opinião contemporânea, pertencendo ao conjunto do jogo e a seu funcionamento ou sua eficácia. Verificação prolongada que confirma de maneira paradoxal a ação permanente de uma rede de enunciados e de relatos jogando entre o *verdadeiro* e o *não-verdadeiro*.

Os relatórios ou relato dos especialistas e dos responsáveis – de Wagemann e de Schacht[4] – apresentam, a esse respeito, sistemas de enunciados cujas ingenuidades e omissões são o inverso uma da outra.

---

4 Cf. J.-P. Faye, *Langages totalitaires* (Linguagens Totalitárias), Paris: Hermann, 1972, livro II, parte IV.

Parte II

Introdução às Linguagens Totalitárias

*Algo de análogo ao que produz o trabalho filológico
pelo qual buscamos, sob a língua viva, os vestígios de
um idioma perdido.*

AUGUSTIN THIERRY

*Como podem vocês estar seguros de que aquilo que
dissemos é a verdade ?*

KARL RADEK, 1937

A palavra lança pontes para horizontes desconhecidos.

ADOLF HITLER

1. O Estado Total

Uma das narrações do Doutor Schacht – então secreta – intitula-se: *Relatório (ou Relato) Sobre o Estado dos Trabalhos com Vistas à Mobilização Econômica* (*Bericht über den Stand der Arbeiten für eine wirtschaftiche Mobilmachung*, 30 de setembro de 1934) e data de sua entrada em função como ministro da economia. No decurso do mesmo outono, o Ministério da Guerra organiza, em torno de um certo coronel Thomas, uma Seção para a Economia de Defesa (*für Wehrwirtschaft*). Mais de um ano antes, a partir de junho de 1933, fundava-se sob os auspícios do mesmo ministério a Sociedade Alemã para uma Política de Defesa e para as Ciências da Defesa – uma tradução mais clara seria: para as Ciências da Guerra (*Wehrwissenschaften*). O financiamento dessa sociedade era assegurado por doadores privados, entre os quais as siderúrgicas de aço de Fritz Thyssen, membro do Partido Nazista há já muitos anos. Entre seus seiscentos membros, lê-se além do nome de Alfred Baümler, então às voltas com a edição completa das obras de Nietzsche, o nome de Carl Schmitt: aquele cuja reputação está fundada no elo que introduziu entre a fórmula – atribuída a Ernst Jünger – da *Mobilização total* e o conceito, que lhe é próprio, de *Estado total*.

O que Carl Schmitt nomeia ora como *fórmula* ora como *conceito*, desenvolve-se entre os anos de 1929 e 1931, pela primeira vez, ao que parece, em língua alemã.

A primeira dessas datas corresponde a um simples artigo, uma *narração* (*Aufsatz*) publicada em março numa revista de direito público[1]. A segunda, a um livro ou *discurso* (*Abhandlung*), publicado, igualmente em março, sob o mesmo título: *Der Hüter der Verfassung* (O Guardião da Constituição) – ou seu *Conservador*, como é especificado, *em referência* à constituição francesa do Ano VIII e ao Senado conservador. Nos desenvolvimentos desse livro, surge a fórmula da qual se dirá no pós-guerra que teria sido forjada por Carl Schmitt: *der totale Staat*, O Estado total.

No preâmbulo, datado de março de 1929 em Berlim, ele insiste: o problema não foi levantado pelo prazer de propor teses provocativas ou engenhosas, mas "sob a pressão de uma necessidade intrínseca ao próprio objeto".

Esse problema enuncia-se claramente desde as primeiras linhas, com a evocação das instâncias históricas às quais já tinha sido relacionado: éforos de Esparta[*], restaurados nos sonhos de Fichte e criticados por Hegel; *syndici* do *Tractatus politicus* de Spinoza; conservadores da Carta em Harrington; censores do Estado da Pensilvânia, evocados na França pelo termidoriano Thibaudeau, no momento em que se elabora a constituição do Ano II; senado conservador de Sieyès e do Ano VIII. As constituições da Baviera e de Saxe intitulam uma de suas rubricas *Do fiador da constituição*. Na Prússia, o sucesso da política de Bismarck levou a subestimar a questão das garantias constitucionais e até a silenciá-la.

Porém, a questão nunca tinha sido colocada com tanta "delicadeza" como na definição de Benjamin Constant dessa "autoridade neutra e intermediária", que ele atribui ao rei constitucional. Para Carl Schmitt, é um sinal notável ver seu nome, há muito esquecido na Alemanha, reaparecer, nesse contexto, num "documento tão significativo" quanto o *Relatório* de um certo Triepel em 1929, no V Congresso de

---

1 *Archiv des öffentlichen Rechts*, XVI, p. 161-237.
* Cada um dos cinco magistrados de Esparta, nomeados para contrabalançar a autoridade do rei e do senado. Cf. *Le Petit Robert* (N. da T.).

Direito Constitucional Alemão. Esse *Relatório* – esse *Relato* ou *Ata*, *Bericht* – baliza a problemática por assim dizer preliminar de Carl Schmitt, bem como um outro *Relatório* (ou *Relato*) do mesmo Triepel, pronunciado dessa vez no XXXIII Congresso Alemão de Juristas, em Heidelberg, no decurso de 1924. Segundo este último, a possibilidade de pedir à Corte Suprema um julgamento sobre a compatibilidade entre uma lei nova e a constituição, antes de promulgá-la, era decisiva e conforme à constituição de Weimar. A posição adotada pelo congresso de Heildelberg a partir do relatório Triepel tende pois a ver a autoridade neutra e intermediária do guardião da constituição encarnar-se na Corte de Estado do Reich alemão – a mesma Corte que, em Leipzig, deverá logo deliberar sobre um território completamente distinto: o golpe de Estado efetuado pelo chanceler Von Papen contra o governo socialdemocrata da Prússia em 20 de julho de 1932. Em Leipzig, o Reich de Von Papen terá por advogado precisamente Carl Schmitt. A implicação mais concreta será de saber se a polícia de Berlim deve ou não ser definitivamente arrancada às mãos dos socialdemocratas, que a controlam desde a morte de Karl Liebknecht – antes de ser entregue, algum tempo depois, e graças ao mesmo Von Papen, a um novo ministro do Interior na Prússia, criador da Gestapo: Hermann Göring.

Porém, face ao Congresso de Heidelberg e ao relato Triepel, o relato ideológico e jurídico de Carl Schmitt levará a conclusões completamente diferentes, sob a pressão de uma necessidade que lhe é, afirma ele, imposta "pelo próprio objeto" nas últimas linhas, onde surge a declaração de que a constituição *procura* muito especialmente atribuir à autoridade do presidente do Reich "a possibilidade de ligar-se a essa vontade total do povo alemão e assim agir como guardião e conservador da unidade constitucional e da totalidade do povo alemão".

A autoridade neutra e intermediária não é mais a do poder judiciário, mas a desse rei eletivo que Max Weber forneceu à Alemanha de Weimar, fazendo com que fosse eleito pelo sufrágio universal. Um hegeliano como Lorenz von Stein, que já mencionava expressamente Constant, via a realização de seu poder neutro na França no "rei de julho" que, para ele, assegura

50 INTRODUÇÃO ÀS LINGUAGENS TOTALITÁRIAS

Carl Schmitt, representa ou encena (*darstellt*) "a forma clássica, em geral, do verdadeiro constitucionalismo". Porém, seria o rei Hindenburg, ao qual se faz alusão frequentemente e a quem a constituição weimariana atribui, em virtude dos enunciados do artigo 48, o poder de declarar o estado de exceção, apenas um inofensivo rei de julho? O discurso de Carl Schmitt coloca isso em dúvida: face ao relato Triepel pronunciado no Congresso Alemão dos Juristas, ele anuncia e antecipa o dia em que, diante de uma nova sessão do mesmo Congresso, em 2 de outubro de 1933, um chanceler recém-designado pelo rei proclamará: "O Estado total – *der totale Staat* – ignora qualquer diferença entre direito e moral".

Esse discurso de cento e cinquenta e nove páginas é marcado em seu meio, quase exatamente, por um corte. Entre as duas hipóteses sobre o guardião da constituição – a hipótese da corte constitucional e a hipótese do rei-presidente, que ocupam as partes I e III respectivamente –, a parte central descreve "a situação constitucional concreta do presente". Descrever esse presente, pois ele é feito de uma reviravolta ou de uma mudança radical de direção: "a mudança para um Estado total" – *die Wendung zum totalen Staat*.

A situação constitucional do presente encontra-se aí caracterizada pelo fato de que numerosas instituições e normas permaneceram imutáveis desde o século precedente, enquanto a situação mudou completamente. O que é pois essa situação, assim distinguida do que constitui seus *sinais característicos*?

As constituições alemãs do século anterior repousam sobre uma *estrutura fundamental* (*Grundstruktur*) que foi *portada* (*gebracht*) por uma fórmula qualificada igualmente de fundamental, mas também de clara e útil: a distinção entre o Estado e a sociedade. Por trás de tal distinção, transparece o irônico comentário oral que Hegel acrescentava ao parágrafo 182 da *Filosofia do Direito*: "A sociedade burguesa é a diferença (*die Differenz*), [mas] enquanto diferença, pressupõe o Estado"[2].

É o que Carl Schmitt entende quando assegura que *sociedade* é um conceito polêmico, uma representação oposta ao Estado existente, o Estado monárquico, militar e funcionário:

---

2 Acrescentado por Eduard Gans em 1833, como *Zusats* e retomado na edição Glokner, 1952, p. 262.

a sociedade definindo-se como o que não pertence ao Estado. Tal é a estrutura dualista que se manifesta por conceitos como o concerto entre o príncipe e o povo. Assim sendo, *o orçamento só é estabelecido* por um acordo entre as duas partes. Mesmo um ato administrativo como a contabilidade das despesas do Estado exige uma lei dita *formal*: "o que se mostra nesta *formalização* é tão somente a *politização* do conceito". A potência política dos representantes do povo é suficientemente grande para conquistar um conceito formal da lei, abstração feita do conteúdo objetivo do tema. Essa formalização é uma maneira de *enunciar o sucesso político* da representação do povo face ao governo – da sociedade face ao Estado dos funcionários, ao Estado monárquico.

Esse Estado dualista é assim uma oscilação entre duas maneiras de articular o Estado: ao mesmo tempo um Estado legislador e um Estado governante. O Estado absoluto, tal como se consituiu ao *conquistar sua forma* a partir do Renascimento, era um Estado do governo, do executivo: a razão de Estado consistindo então em sua capacidade efetiva de criar uma situação na qual, pela primeira vez, as normas podiam ter uma validade fora do campo feudal e de seu regime de guerra civil. O Estado constitucional e de direito, o Estado burguês ou civil (*bürgerliche*), é um Estado da legislação. Numa forma tal, não há jurisdição do Estado ou da justiça constitucional capaz de desempenhar o papel de guardiã da constituição: porque essa forma é o Estado medieval e o seu prolongamento, o pensamento anglo-saxão. Na representação, a *Vorstellung* do século anterior, o Parlamento traz em si mesmo a autêntica garantia constitucional: ele é o verdadeiro guardião da constituição, já que seu parceiro concreto, o governo, só a cumpre obrigado. A tendência liberal do século precedente é, pois, reduzir o Estado a um mínimo, evitar ao máximo suas intervenções no campo econômico, em suma, *neutralizá-lo*, a fim de que a sociedade e a economia possam desenvolver-se segundo seus princípios imanentes, conquistando o espaço de suas livres decisões.

Porém, prossegue Carl Schmitt – após ter eliminado de passagem o ponto forte do relatório ou do relato Triepel –, esse Estado fundamentalmente neutro em relação à economia e à

52 INTRODUÇÃO ÀS LINGUAGENS TOTALITÁRIAS

sociedade, esse Estado liberal da não-intervenção modifica-se de alto a baixo na medida em que o Estado se realiza assim como fornecedor de leis: porque agora o Estado tornou-se a simples "auto-organização da sociedade". Assim apaga-se a diferença entre a sociedade e o Estado, e todo problema econômico e social torna-se imediatamente *estatal*. Abole-se a separação entre o político, que é da alçada do Estado, e os domínios apolíticos da sociedade: pressuposto o Estado neutro. Tornada assim Estado, a sociedade deve tornar-se infindavelmente um Estado da economia, um Estado da cultura, do bem-estar, da previdência, do investimento. Ela se apodera da relação social inteiramente. Os partidos, nos quais organizam-se os diversos interesses sociais, "são a própria sociedade tornada Estado dos partidos" – o *Parteienstaat*. Na França, assegura Carl Schmitt, juristas e soldados teriam *descoberto* o conceito do armamento potencial de um Estado que engloba *tudo*, inclusive a preparação industrial e econômica da guerra, e até mesmo a formação moral e intelectual do cidadão. Aquele que é chamado aqui "um representante marcante do soldado do front alemão", Ernst Jünger, inaugurou, para dar conta desse processo surpreendente, um conceito de grandes consequências: a mobilização total (*totale Mobilmachung*). Alguma coisa enuncia-se e anuncia-se como "uma grande e profunda transformação". Do que se trata pois? "A sociedade que organizou-se em Estado está em vias de passar do Estado neutro do século XIX para o Estado potencialmente total". Neste momento, o enunciado retoma fôlego: a potência dessa mudança, dessa reviravolta deixa-se construir, assegura Carl Schmitt: "num desenvolvimento dialético: do Estado absoluto dos séculos XVII e XVIII, passando pelo Estado neutro do século XIX liberal, até o Estado *total* da identidade entre a sociedade e o Estado – *zum totalen Staat*".

Do que trata pois esse enunciado, a que conduz essa *reviravolta*? E sobretudo, que origem é-lhe atribuída pela narração que o traz até nós? O próprio Carl Schmitt reconhecerá, no pós-guerra[3], que a fórmula Estado total (*die Formel totaler*

---

3 Carta ao autor de 5 de setembro de 1960.

O ESTADO TOTAL 53

Staat) "não era usual na Alemanha, nem na consciência comum e tampouco na literatura científica especializada", antes da aparição de seu livro *O Guardião da Constituição*. Cheguei à fórmula, conta ele, "por uma série de observações e reflexões jurídicas, [e isso] no caminho que conduz à fórmula da guerra total" – *die Formel totaler Krieg*. Esta, por sua vez, resulta de dois desenvolvimentos no plano do direito das pessoas: o problema do desarmamento e a extensão sem limite do conceito de potencial de guerra; de outra parte, o conceito de contrabando, que se expandiu a tal ponto que, por fim, *tudo* poderia ser contrabando. Carl Schmitt recorda-se de um título francês de cujo autor lembra-se dificilmente: "trata-se", pergunta, de "Léon Daudet?" (Trata-se de *La Guerre totale* [A Guerra Total], publicado em 1918, e o autor é efetivamente Léon Daudet).

É neste ponto que o relato, a não ser tomado literalmente, assume toda a importância em Carl Schmitt:

Sob a impressão desta dissolução irresistível das diferenças e dos limites tradicionais no direito das pessoas, e da *mesma dissolução das diferenças* no plano do direito constitucional e estatal (assim Estado e sociedade, Estado e economia, política e cultura etc.), seguiu-se a fórmula de Estado total, porém, é verdade, como pura análise da realidade e *sem nenhum interesse ideológico*.

E, ele crê ser conveniente acrescentar, "ela não estava orientada de maneira fascista". E no entanto, o livro do ano de 1931 precisava justamente que a *fórmula* ganhava sentido por oposição à de *neutrale Staat* ou, sublinhava ao restituir a versão italiana, o *Stato neutrale ed agnostico*. Ora esse Estado *agnóstico* não é nada mais do que aquilo que a doutrina do fascismo e mais precisamente os textos de Mussolini ou de Gentile que a acompanham, designam como seu oposto pelo neologismo enigmático de *Stato totalitario*.

Pode-se interromper aqui o relatório ou o relato de Carl Schmitt, ao mesmo tempo que sua segunda narração no pós-guerra. *Bastaria precisar a partir* de agora que, no intervalo – no decurso do ano de 1933 –, é publicado sob seu nome nas Edições Hanseáticas de Hamburgo (Hanseatische Verlag-Anstalt), um livro de título ternário: *Estado, Movimento, Povo*, que termina com a designação de Estado total.

JOVENS-CONSERVADORES E NACIONAL-REVOLUCIONÁRIOS

No mesmo ano e sob o emblema dos mesmos editores, aparece um título ainda mais explicito: *Der totale Staat*. O autor é um jovem *Dozent*, discípulo de Carl Schmitt, cujo nome é Ernst Forsthoff.

Após a guerra, Forsthoff contará por escrito a relação deste livro com seu contexto[4]. A fórmula?

[Ela foi] forjada, em 1931 ou 1932, por Carl Schmitt sob o efeito da leitura de Ernst Jünger e da sua *totale Mobilmachung* e apoiando-se conscientemente sobre essa formulação. Ela é o resultado de uma análise aplicada à situação de então, com meios de pensamento que remontam essencialmente a Hegel.

Eis aqui uma narração mais característica ainda que nos chega de Forsthoff, o *Dozent*:

A designação de *jovem-conservador* (*jungkonservativ*) provém essencialmente do fato de que nós nos reuníamos ao redor do hebdomadário *Der Ring*, do qual eu era então (sob diversos pseudônimos) um dos colaboradores, pertencendo ao seu círculo mais estreito.

O que é então o *Anel – Der Ring*?

Der Ring era o órgão do *Herrenklub*, ao qual eu não pertencia e que não exercia nenhuma influência sobre esta publicação. Nós, os jovens, estávamos então sob a influência de Moeller van den Bruck, que eu não conheci.

Mas como intervém aqui este morto, então desconhecido e reputado, que era o autor do *Terceiro Reich*? "Ele contava então como renovador do conservantismo. De lá provinha efetivamente a designação *jovem-conservador*. Isso, porém, tinha valor apenas para nós , os jovens". Essa narração nos interpela de maneira insistente: quem são esses jovens e de quem se distinguem por essa referência a uma faixa etária? Carl Schmitt não se deixa envolver nesse conjunto, apesar de múltiplos pontos em comum.

---

4 Carta ao autor de 31 de agosto de 1963.

O ESTADO TOTAL 55

Eis então por quem foi *forjada* a fórmula. Quanto a ela mesma: "Eu não designaria a fórmula como *jovem-conservadora*. Antes, talvez, como *nacional-revolucionária*, em última análise".

Assim, o *Dozent* do Estado total qualifica a si próprio de *jungkonservativ*, enquanto atribui, não sem hesitações, sua própria fórmula ao signo *national-revolutionär*. Do que será necessário deduzir, pela simples leitura das narrações ideológicas então em atividade, que ele se refere ao polo oposto ao dos jovens-conservadores, nesse conjunto ou esfera ampliada na qual se dissemina a extrema-direita alemã, sob o regime de Weimar: na órbita do que se designa então pelo termo genérico de *nationale Bewegung* (Movimento nacional).

A FÓRMULA

O que é o Estado total, segundo Ernst Forsthoff? É uma "*fórmula*", *Der totale Staat ist eine Formel*.

Define essa fórmula pelo *serviço* que ela vai propiciar: deve "servir para *anunciar* o começo de um Estado novo ao universo do conceito liberal". Segue-se aos olhos de Forsthoff, o *Dozent*, que o "Estado total é por isso mesmo um termo liberal para algo completamente não liberal". O que é então essa coisa não liberal? Uma "espécie de comunidade estatal". Mas que o Estado total seja antes de tudo linguagem retorna como um refrão. "A fórmula Estado total", *die Formel totaler Staat...* A fórmula Estado total, "porque é uma fórmula polêmica, não contém em si a plenitude inteira do Estado presente". A fórmula Estado total "toca o Estado nacional-socialista numa de suas propriedades essenciais, na sua reivindicação de uma soberania envolvente (*umfassenden*), destruindo todas as autonomias".

É nesse sentido, sublinha Forsthoff alegremente, que "o Führer a fez sua em seu discurso ao Congresso Alemão dos Juristas (2 de outubro de 1933)[5]". – Esse sentido. Mas que sentido? Neste sentido, prossegue Forsthoff: "A designação Estado total é importante porque ela é imune a todas as tentativas

---

5 Discurso efetuado, efetivamente, em 4 de outubro em Leipzig (*Völkischer Beobachter*, 6 de outubro de 1933). Em 2 de outubro, Hitler discursava diante dos camponeses de Hammeln.

56 INTRODUÇÃO ÀS LINGUAGENS TOTALITÁRIAS

reacionárias de renovar as legislações particularistas no estilo antigo". Este aspecto não deve levar a malentendidos porque, no sentido oposto: "O Estado total não é a expressão de um estatismo ultrapassado, não deve exprimir a exigência de uma estatização total, porque não tem nada em comum com a mecânica grosseira do socialismo marxista". O *totale Staat* não é nem *Etatismus* ou *Verstaatlichung*, atribuídos aqui ao "socialismo marxista", nem particularismo das "tentativas reacionárias".

De maneira comparável, um ano antes, o autor da *Dottrina del fascismo* publicada pela *Enciclopedia italiana* – este autor de duas cabeças que assina Mussolini, mas que a tradição escrita do fascismo italiano atribui a Giovanni Gentile – afirmava resolutamente que o Estado fascista *non è razionario, ma rivoluzionario.* Para o fascista, acrescentava ele:

Tudo está no Estado, e nada do humano ou do espiritual existe e, menos ainda tem valor, fora do Estado. Neste sentido, o fascismo é totalitário [*in tal senso il fascismo è totalitario*] e o Estado fascista, síntese e unidade de todo valor, interpreta, desenvolve e engrandece a vida do povo.

Quando ao substantivo *Stato* for acrescentado o singular epíteto *totalitario*, pode-se dizer que aparece na língua italiana o sintagma que domina o período entre as duas guerras e marca toda a vida política: o Estado totalitário, *lo Stato totalitario*, este neologismo da semântica política que a história esquecerá, bastante rapidamente, que surgiu, em primeiro lugar, na linguagem mussoliniana .

Um jurista engajado, no fim dos anos de 1930, C. Costamagna, assegurará que esta noção é a contribuição por excelência – o *mérito* – do fascismo italiano, comparável à do racismo na ideologia alemã…

VONTADE TOTALITÁRIA

Como apareceu este novo e perigoso termo: *totalitário*? Qual a sua origem e em qual circulação surgiu, antes de juntar-se ao termo tradicional por excelência, o *Estado*?

O ESTADO TOTAL 57

Pode-se verificar através de dois indícios que ele pertence ao léxico italiano antes de entrar na língua alemã. O primeiro, é que *totalitär* é uma palavra estrangeira, um *Fremdwort* de origem francesa, como toda palavra com desinência em *–är* (*revolutionär, sekretär...*). O segundo, é que a primeira tradução alemã da *Dottrina del fascismo* transcreve *totalitario* pelo particípio presente *umfassende*. A tradução do livro *teórico* de Gentile[6], pelo contrário, traduz o *carattere totalitario del fascismo* por *totalitäre Charakter*.

A primeira aparição política do termo encontra-se no enunciado mussoliniano do discurso no teatro Augusteo de Roma, na noite de 22 de junho de 1925: discurso que constituirá uma referência fundamental para os historiadores fascistas como G. Volpe.

Na manhã de 21 de junho, abriu-se – no teatro construído sobre as ruínas da tumba de Augusto, que será descoberta mais tarde pelo regime – o IV Congresso do Partido Nacional-fascista (PNF). Em seu relatório, o secretário geral Roberto Farinacci define "a característica do fascismo" pelo "fato de negar aos outros partidos a legitimidade, o direito de existirem ou de tornarem-se fatores positivos de governo". Nisso, precisa ele claramente, reside "a negação do conceito de partido no fascismo" e por isso mesmo, este se dá como o regime que visa a uma "transformação total da vida política italiana". Na noite de 22, o Duce pronuncia seu "Discurso no Augusteo".

O discurso no Augusteo situa-se numa longa cadeia de discursos e ações, sendo que os discursos narram as ações e isso sem cessar de *produzi-las*. Em 10 de junho de 1924 foi assassinado pelos Camisas Negras o líder social-democrata Matteotti. Em 16, Mussolini deixa o Ministério do Interior nas mãos de Federzoni, o fundador da Associação Nacionalista, monarquista e pretensamente partidário da manutenção das liberdades constitucionais, supostamente garantidas pela Casa de Savoia. Federzoni no Interior, no lugar do Duce, é o sinal da *normalização*, do retorno das liberdades individuais. Mas a pressão se inverte nos últimos dias do ano: os cônsules da Milícia Fascista

---

6 *Origini e dottrina del fascismo*, que se tornou *Grundlagen des Faschismus*, Köln: Deutsche Verlags-Anstalt, 1936: *totalitärer Charakter der Faschistischen Doktrin* (I Teil, § 9).

58   INTRODUÇÃO ÀS LINGUAGENS TOTALITÁRIAS

marcham sobre Roma para reavivar a vontade de seu chefe. Este último assume solenemente diante da Câmara, em 3 de janeiro de 1925, a responsabilidade "política, moral, histórica" de tudo o que é então um evento narrado. Quem matou Matteotti? "Se o fascismo for uma associação de malfeitores, eu sou o chefe dessa associação de malfeitores". Três dias mais tarde, o Ministério do Interior pode anunciar seiscentas e cinquenta buscas em domicílio, cento e onze detenções, a captura cotidiana dos jornais de oposição. O discurso do Augusteo é uma das pontuações desta narração condicional: a dos *malfeitores* de posse das engrenagens do Estado italiano.

Porque "nós levamos a luta para um terreno tão claro que doravante é necessário situar-se de um lado ou de outro". A narração desemboca na resolução ou na *vontade*: "E mais: o que chamou-se nossa *feroz vontade totalitária* prosseguirá sua ação com uma força ainda maior"[7].

Qual texto original poderia corresponder a essa tradução francesa que apareceu no período entre as duas guerras com a aprovação oficial do regime italiano? Descobre-se com surpresa, que a uma única versão escrita da tradução correspondem ao menos *três variantes* do texto italiano original. Duas ao menos nos são fornecidas pela imprensa do dia seguinte, 23 de junho. A da oposição, no jornal do Partido Social-democrata: "*Non solo, ma quella* che viene definita la nostra feroce volontà totalitaria, *sarà perseguitta con ancore maggiore ferocia*"[8].

A variante do jornal fundado pelo próprio Mussolini, *Il Popolo d'Italia*: "*Non solo, ma* quella metà che vide definitiva la nostra feroce volontà totalitaria *sarà perseguita con ancore maggiore ferocia*"[9].

Enfim, o texto italiano de *Opera omnia* de Benito Mussolini[10] apresenta uma terceira versão: "*Nun solo*, ma quella

---

7 Benito Mussolini, *Édition définitive des œuvres et discours*, trad. Maria Croci, Paris: Flammarion, 1939, t. VI, p. 102.

8 E ainda mais: o que é chamada *nossa feroz vontade totalitária* será perseguida com uma ferocidade ainda maior" (*Il Lavoro*, n. 147).

9 "E ainda mais, *o objetivo que nossa feroz vontade totalitária considera como definitivo* será perseguido com uma ferocidade ainda maior" (n. 148).

10 Florença, La Fenice, 1956, t. XXI, p. 362. Este texto remete no entanto ao n. 148 do *Popolo d'Italia*.

metà che viene definitiva la nostra feroce volontà totalitaria *sarà perseguita...*"[11]

Um triângulo ou um círculo de lapsos ou de erratas vem circunscrever o enunciado totalitário primitivo, na cadeia do relato ideológico mussoliniano, e a pontuação de suas resoluções: "Nós levamos a luta a um terreno de tal maneira claro que doravante será preciso se situar de um lado ou de outro – *o di qua o di la*".

Porém, o enunciado totalitário tornou-se imediatamente, por sua vez, um evento narrado. *Il Popolo d'Italia* já o introduziu numa narração: "O discurso do Augusteo foi o discurso da intransigência. O fascismo não transige e não para".

Toda a sequência narrativa do *ano crucial* se desenvolve:

Uma vez vencida a campanha de 1924 [depois do assassinato de Matteotti e do recuo da esquerda para o Aventino], ele retoma a marcha da revolução, decidido à conquista plena, totalitária, inexorável de todos os poderes do Estado – *alla conquista plena, totalitaria...*

O órgão daquilo que havia sido a Associação Nacionalista, antes de sua fusão com o Partido fascista inicial no PNF, a *idea nazionale*, insiste no mesmo dia sobre o valor polêmico do termo: "A afirmação totalitária do fascista é incompreensível para nossos inimigos".

A resposta a essa incompreensão, por ingênua que possa ser sua formulação, assegura sem prestar-lhe grande atenção que *este enunciado é um ato* – "antes de mais nada porque é um ato de paixão e de fé, antes de ser um enunciado político". A outra razão alegada entra no detalhe do campo ideológico: "nossos adversários democrático-liberais", prossegue o *Idea Nazionale*, "por causa de sua própria mentalidade, estão dispostos a não ser eles-mesmos, mas a ser capazes de acolher a palavra do outro" – *il verbo altrui*. Curiosa situação, aos olhos de quem se toma

---

11 "E ainda mais, *o objetivo que vem [tornar] definitiva nossa feroz vontade totalitária* será perseguido..." A tradução alemã refere a enigmática preposição relativa: "*Unser verbissener und totalitärer Wille wirde moch grösserer verbissenheit sein Ziel verfolgen (Rede Mussolini in Augusteo am 22 Juni 1925, in G Volpe, Geschichte der Faschiten Bewegung*, 1940, Roma, trad. Rodolfo Schott).

pelo *italiano novo*: aquele que ajuda a encontrar, "através da consciência fascista, a autêntica consciência da raça"[12].

Curiosamente, esta é a única alusão explícita à "feroz vontade totalitária" entre os comentários ou narrações portando sobre o discurso do Augusteo citado pelo próprio jornal do Duce, *Il Popolo d'Italia* em 24 de junho.

No mesmo dia, a imprensa de oposição narra em sua língua o evento dito – e escrito – que constitui o discurso: este, segundo *Il Lavoro*, é "como um resumo do programa, exprimido em termos peremptórios". De maneira imprecisa, encontra-se uma referência feita a um co-autor de certos *conceitos* ou de certos enunciados do discurso: nesse resumo, "o presidente do Conselho de ministros adota e sanciona conceitos que até então tinham sido exprimidos pelo honorável Farinacci, como por exemplo a fascistização das instituições". Pode-se supor que "*aquilo que foi chamado* nossa feroz vontade totalitária" pertence aos *conceitos* até então exprimidos apenas pelo honorável Farinacci? O jornal social-democrata não especifica. Limita-se a enumerar, num particípio passado absoluto, as diversas rubricas do discurso que constituem seu evento narrado:

proclamadas a onipotência e a autonomia do poder executivo[...]; a burocracia declarada parte integrante do governo[...]; exprimida uma feroz vontade totalitária que será perseguida com uma ferocidade ainda maior[...]Nós só podemos constatar: o Estado liberal é negado *in toto*.

Não faltaram ecos imediatos ao enunciado *feroz* do discurso do Augusteo, indubitavelmente lugar da primeira aparição da linguagem totalitária e de seu neologismo central. No entanto, não parece que esse termo singular tenha surpreendido por si mesmo as testemunhas desse emprego inicial. O próprio termo, o adjetivo, parece ter existido anteriormente: isso se verifica no uso das assembleias gerais das sociedades por ações[13]. É dita *totalitária* uma sessão onde o quorum é inteiramente respeitado. A transcrição desse léxico – tomado

---

12 "La genuine espressione de la razza". Este texto evidencia o se poderia chamar o *racismo semi-implícito* do fascismo italiano, que a aliança com os nazistas transformará em ideologia expressamente racista.

13 Enquete na Faculdade de Direito da Universidade de Gênova.

O ESTADO TOTAL

às sociedades anônimas do capitalismo –, no terreno político do Estado, é atribuída justamente a Mussolini pelos historiadores alemães mais estritamente ligados a esse domínio: "Foi Mussolini quem cunhou o conceito de *totalidade estatal*"[14]. Talvez a ausência de *atenção ao significante* se deva, na imprensa que aparece em 23 e 24 de junho de 1925, ao fato de que as testemunhas perceberam-no como uma variante de um simples superlativo, aplicando-se a essa *transformação total* que acabava de enunciar o honorável Farinacci.

Transformação – gramatical ou lexical – da transformação politica, que de qualquer maneira *teve lugar numa* língua bem determinada, necessariamente de estrutura *latina*. Enquanto o sufixo *–är* na língua alemã designa uma palavra de origem estrangeira, *–ario* pertence às formas que significam certas oposições fundamentais na língua italiana. Assim, *totalitario* aparece como o análogo morfológico e o oposto semântico de *frammentario*, como a *totalitarietà*[15] opõe-se à *frammentarietà* após ter sido construída sobre seu modelo por analogia, no sentido saussuriano do termo. À concepção mussoliniana do Estado e do sindicato decorrente, Gentile oporá, cinco dias após o discurso do Augusteo, a *frammentarietà*[16] do Estado liberal e do sindicalismo livre. Após o filósofo oficial, o historiador oficial do regime, Gioacchino Volpe, oporá seu Estado forte ao "Estado liberal, fragmentário, sem elos,[...] em suma agnóstico". Essa linguagem – que refletir-se-á na linguagem de Forsthoff, oito anos mais tarde, como a descoberta do "Estado como tal", isto é, separado do poder propriamente dito ou da violência, *Gewalt* do Estado – tem agora "a maior significação" na formação do ideal do Estado de direito liberal.

14 "Mussolini war es[...]der den Begriff der staatliche Totalität geprägt hat", Das Fischer Lexikon, *Staat und Politik*, art. Totalitarismus: o artigo é de Karl Bracher.

15 Cf. Georges Bourgin, *L'État corporatif italien* (O Estado Corporativo Italiano), Aubier, 1935, p. 253. Cf. também Luigi Lojacono, *L'Independenza economica italiana*, Milano: U. Hoepli, 1937, p. 55: "Traverso il Partito e le corporazoni [...]la totalitarietà del popolo italiano". E Julius Cesare Evola, *Un nouvo amore per la totalitarità politica*, em Lo Stato, jan. 1939.

16 *Il Lavoro*, de 27 de junho de 1925, *Intervista Gentile*. Gentile preside então a Comissão dos Dezoito ou dos "Solons", encarregada de preparar o que será a lei Rocco e que tornará únicas e obrigatórias as corporações do "sindicalismo nacional", concluindo assim a destruição do movimento operário iniciada durante o ano de 1921 pelos Esquadrões de Ação, os *Squadre*.

E, nota o *Dozent*, ela prepara "esta evolução ao final da qual se encontra o Estado desqualificado *como agnóstico*"[17]. A essa forma desqualificada, Forsthoff oporá "as leis de vida totais do Estado interiormente afirmado"...

17 Sublinhado no texto alemão (*Der totale Staat*, p. 13).

2. A Revolução Conservadora

Que Estado é esse, nem agnóstico nem fragmentário? A resposta técnica à questão foi dada dois dias antes do *discorso all'Augusteo*, no momento em que a Câmara dos Deputados adota, baseada no relatório do ministro da Justiça Rocco, a "lei para a concessão ao poder executivo da faculdade de impor normas jurídicas" – dito de outra maneira, da faculdade de apoderar-se do poder legislativo. Quando o texto desse relatório for publicado, sob o título geral de *A Transformação do Estado*, será precedido de uma introdução na qual Alfredo Rocco, o nacionalista, lembrará a gênese da linguagem *revolucionária* no interior da língua política do fascismo italiano:

Fala-se hoje em dia correntemente da revolução fascista. A expressão *que suscitava ainda há pouco tempo* e até mesmo no campo fascista uma certa repugnância, é doravante universalmente aceita para designar esse fenômeno complexo que começa em 1919 com a formação dos *Feixes de combate*, afirma-se com a Marcha sobre Roma em 28 de outubro de 1922 e que, gradual mas incessantemente, durante esses quatro últimos anos, transformou o espírito das massas e a própria estrutura do Estado.

64   INTRODUÇÃO ÀS LINGUAGENS TOTALITÁRIAS

Porém, como articula-se essa linguagem, aceita a princípio "com repugnância" por seus próprios utilizadores? O objetivo de toda revolução, prosseguia Rocco,

é criar após ter destruído. Como a abelha que morre engendrando, a revolução como tal se extingue quando a ordem nova é criada. Nesse momento, a revolução tornou-se – permitam-me a antítese – conservadora.

Essa antítese de Rocco, enunciada em 1927, está presente, menos explicitamente, num discurso de Gentile pronunciado em 28 de outubro de 1924, para o segundo aniversário da Marcha sobre Roma. Discurso em forma de constatação narrativa:

Tal é a fé de Benito Mussolini, Senhores, nossa fé. Fé monárquica, fé lealmente conservadora, mas fé que é também corajosamente construtiva. Construir para conservar, conservar para construir. [...]. E no entanto, se hoje em dia, dois anos depois da Marcha sobre Roma, após dois anos de governo voltados para uma reorganização essencialmente conservadora para a vida do país, [...] se quisermos resolver esses problemas, nos seus aspectos fundamentais, será preciso realizar uma revolução.

Assim, a antítese de Rocco encontra na linguagem de Gentile seu inverso. Quando a ordem nova foi criada, a *revolução* fascista tornou-se *conservadora*, afirma Rocco. A reorganização essencialmente *conservadora* do fascismo deve realizar uma *revolução*, assegura Gentile. É verdade que eles não falam ao mesmo tempo – sem omitir o fato de que o filósofo hegeliano provém, como seu amigo Croce, do centro liberal e o Ministro da Justiça, da extrema-direita nacionalista. Gentile reclama uma *revolução* em outubro de 1924, Rocco quer que ela tenha se tornado *conservadora* em 1927. Na segunda metade do ano de 1924, a *reorganização essencialmente conservadora* atingiu seu fim e, após o assassinato de Matteoti, torna-se repentinamente necessário "falar correntemente" de *revolução fascista*: este falar corrente vai passar pelo *enunciado totalitário primitivo* da *vontade feroz*. Em 1927, pelo contrário, esse falar havia preenchido sua função e desempenhado seu papel, é tempo de fazê-lo dizer que a *reorganização essencial-*

A REVOLUÇÃO CONSERVADORA

mente conservadora pode realizar uma *revolução* que se revela novamente tendo se *tornado conservadora* – "conservadora do novo sistema dela nascido".

A cada vez, um dos dois elementos da antítese pertence à narração do que foi cumprido; o outro pertence à resolução de agir e à *vontade* do objetivo descrito. Após dois anos de poder, pode-se contá-los em termos de *reorganização conservadora*, mas para decidir que *será* necessário "realizar uma revolução" – segundo Gentile. Pelo contrário – segundo Rocco –, *fala-se* "hoje em dia de revolução" no sentido fascista do termo, mas seu *objetivo* é *criar*, isto é, revelar-se ou já ter-se "tornado conservadora". Na antítese de Rocco como na de Gentile, a passagem de um termo a outro da oposição nos introduz na *geração, pelo relato ideológico propriamente dito, da ação política "intencionada"*: revolução pretendida que procede da reorganização conservadora e que vai promover sua vontade feroz – ou *criação* completamente conservadora que a destruição pretendidamente revolucionária vai *engendrando*: é o termo que utiliza ingenuamente Rocco. Tal é o processo que este último coloca, de maneira inaugural, na base do que ele denomina *a transformação do Estado*. A narração do conservantismo chegará a *realizar* uma vontade de revolução, segundo Gentile; a narração do que é falado doravante como revolução vai *engendrar* sua extinção conservadora, segundo Rocco. A relação – dissimuladamente perniciosa – entre narração ideológica e engendramento da ação desenvolve-se na base do que poder-se-ia designar como a transformação de Rocco.

Pois tudo no discurso de Gentile ou de Rocco, de Mussolini e de Farinacci, é tão somente, se quisermos, linguagem. Porém, essa linguagem é, a cada momento, a própria ação e sua performance: sem ter necessidade de revestir as formas gramaticais particulares do que foi chamado o *performativo* (no sentido de Austin), o que é próprio desse terreno particular, que engloba todos os outros e que denominamos *história*, é, efetivamente, que em cada uma de suas sequências e segundo a formulação mallarmeana aplicada originalmente à cena do teatro, *enunciar* significa *produzir*.

Todas as variações ao redor da antítese de Rocco, como do enunciado totalitário de Mussolini e Gentile ou da fórmula de Forsthoff e Carl Schmitt, têm isto em comum: fazem-nos tocar a articulação da linguagem e da ação real. No mesmo lugar em que fora publicado seu primeiro texto sobre esse tema, a *Europäische Revue*[1], Carl Schmitt escreverá, em fevereiro de 1933, que a fórmula do *totale Staat* não é apenas esclarecedora (*einleuchtende*), mas ativa e produtora de *Wirkung* – ela é *wirksam*[2]. Porém, sua relação com a ação é incessantemente submetida a deslocamentos complexos. Segundo se trate da versão italiana ou do *modelo* alemão, são bastante diferentes e mesmo opostos seus efeitos.

Trata-se de perseguir precisamente essa articulação mais do que a retórica dos discursos e relatos. Como aquilo que o relato *conta* pode ser transformado por ele? Eis nossa questão.

A ANTÍTESE E A FÓRMULA

A versão italiana desenvolve-se a esse respeito sem contradições. O discurso mussoliniano de 14 de novembro de 1933, *Para o Estado Corporativo*, torna manifesta e oficial a articulação entre o epíteto e o nome: "Para instalar o corporativismo completo, integral, revolucionário, [...] após o partido único, é preciso o Estado totalitário".

Nessa data, um mês antes que o *Duce* italiano tenha assim ligado ao Estado o adjetivo que ele atribuía a princípio à sua feroz vontade, o *Führer* alemão já havia designado como *totale Staat* o Estado hitlerista. No entanto, Carl Schmitt acrescentava ao seu elogio da fórmula, em fevereiro do mesmo ano, uma alusão enigmática: "Hoje, vários são os que foram mesmo mais longe e já refutaram e ultrapassaram, em espírito, o '*totale Staat*'".

Quem então foi assim mais longe? As aspas colocadas ao redor da fórmula pelo próprio jurista a quem os grandes dicionários do pós-guerra atribuem a ação de tê-la *marcado* ou mais ainda, de tê-la forjado, selado e esculpido – que é o mesmo termo, *geprägt*, utilizado por K. Bracher para designar a

---

1 Aí aparece a *reviravolta para o Estado total* (*die Wendung zum totalen Staat*), cuja retomada abreviada será o pivô de *Der Hüter der Verfassung*.

2 A definição desse adjetivo pelo Sachs-Villate é: *Wirkung hervorbringend* – "produzindo ação".

A REVOLUÇÃO CONSERVADORA 67

contribuição de Mussolini – introduzem uma ironia bastante surpreendente em torno de um enunciado que será definido, pelo próprio Carl Schmitt, como *numen praesens**.

Numa carta do pós-guerra, respondendo à questão acerca de quando e onde apareceu inicialmente essa expressão, Carl Schmitt reconhece claramente, como vimos: "Antes do meu livro de 1931 (*Der Hüter der Verfassung*), a fórmula *totaler Staat* não era usual na Alemanha, nem na consciência comum nem na literatura científica especializada"[3].

Em fevereiro de 1933, é-lhe possível citá-la entre aspas para anunciar que já é refutada e ultrapassada. E no entanto, "há um Estado total" – *es gibt einen totalen Staat*, acrescenta aquele que será denominado o *Kronjurist* do Império novo, o jurista da Coroa.

Todo Estado no mundo moderno é obrigado a controlar os instrumentos de poder que lhe são propostos pela ascensão crescente da técnica, principalmente os militares. A partir da batalha de Somme, como mostrou Jünger, a sociedade deu ao Estado as condições de uma mobilização total e permanente de suas forças. Uma vez que apareceram a metralhadora e o tanque, invenções francesas, não há força política que não tenha necessidade de apoderar-se das novas armas, sob pena de ver outros utilizá-las. Mas a República de Weimar, prossegue Carl Schmitt, realizou um Estado total completamente diferente daquele do qual essa mobilização é o anúncio. Hoje, com o pluralismo do *Estado dos partidos*, desenvolve-se uma forma que só é total num *sentido puramente quantitativo*, pelo simples volume e não pela intensidade e energia política. O Estado alemão de hoje, afirma o futuro jurista da Coroa, é total por fraqueza, *total aus Schwäche, quantitativ total:* totalmente entregue aos partidos e às organizações de interesses. Mas, por isso mesmo, pede a mutação decisiva que se apoiará sobre aquele cuja autoridade tem sua fonte "nos tempos pré-pluralistas": o presidente do Reich. De tal decisão resultaria, de acordo com o que Jünger chamava no final de 1932 a mobilização total da técnica – a aparição do verdadeiro Estado total, *qualitativ total, total aus Stärke*, total por força, qualita-

---

* *Numen praesens* = vontade divina presente (N. da T.)
3 Carta ao autor de 5 de setembro de 1960.

68 INTRODUÇÃO ÀS LINGUAGENS TOTALITÁRIAS

tivamente total[4]: "Total no sentido da qualidade e da energia, da mesma maneira que o Estado italiano denomina a si mesmo um *Stato totalitario*, pelo que quer dizer sobretudo que os novos instrumentos de poder pertencem exclusivamente ao Estado e servem ao aumento de sua potência".

Em nenhum outro lugar, Carl Schmitt enunciou mais claramente a proveniência e a implicação da fórmula que ele forjou e esculpiu: o Estado total no seu modelo alemão é total no sentido da qualidade e da energia, isto é, no sentido em que "o Estado fascista se denomina *Estado totalitário*" – *Wie sich der fascistische Staat einen "Stato totalitario" nennt*.

Contra Weimar e em referência à linguagem jungeriana da mobilização total, Carl Schmitt assegura-nos: ele traduziu no seu *totale Staat* o *Stato totalitario* mussoliniano e gentiliano. Atesta-o ainda quando descreve, num ensaio de 1937, "a doutrina fascista do Estado total" – *die fascistische Lehre vom "totalen Staat"*[5]. A esse nível de correspondência doutrinal, o *total* alemão traduz o *totalitario* italiano – antes de ser suplantado pelo neologismo estrangeiro da tradução literal: por *totalitär*.

Notável é o fato sublinhado por Carl Schmitt de que a doutrina fascista em questão é designada como estando *à frente* do conceito de guerra total e que, na imagem jungeriana da mobilização total, uma vez mais evocada, está "implantado o *núcleo* da coisa". Porque aí, prossegue Carl Schmitt, vêm determinar-se "o modo e a figura da Totalidade do Estado".

Ora, precisamente, a publicação na qual aparecem enunciados tão claros é aquela cujo diretor – Karl Anton Prinz Rohan, príncipe de Rohan e descendente austro-boêmio de Wallenstein, filho da emigração francesa e da guerra dos Trinta Anos – publicava em 1923 um elogio característico do fascismo italiano. O que é o fascismo? "O fascismo é inteiramente revolucionário... O fascismo é inteiramente conservador" – *durchaus revolutinär... durchaus konservativ*. Antes mesmo que a antítese de Rocco ou de Gentile seja enunciada, aquele que

---

4 Essa oposição entre *quantitativ total* (*aus Schwäche*) e *qualitativ total* (*aus Stärke*) já aparece no *Legalität und Ligitmität*, em 1932, onde são voltados contra a República de Weimar e de Max Weber os conceitos weberianos da soberania.

5 *Totaler Feind, totaler Krieg, totaler Staat*, em *Positionen und Begriffe im Kampf mit Weimar, Versailles, Genf*, Hanseatische Verlags-Anstalt, Hamburg: 1940, p. 234.

A REVOLUÇÃO CONSERVADORA 69

iria publicar a *Reviravolta para o Estado Total*, de Carl Schmitt, esforçava-se para descrever o fenômeno italiano nos termos tomados a uma cadeia de linguagem bem precisa na Alemanha. Menos de dez anos mais tarde, um jurista italiano publica, nas mesmas Edições hanseáticas que Forsthoff (e com um prefácio alemão de um certo Albrecht-Erich Günther), um livro intitulado *Fascismo e Nação*: versão alemã cujo preâmbulo precisa que foi inteiramente "readaptada ao público alemão"[6]. Aí se faz com precisão a articulação entre a antítese e a fórmula.

Agora, afirma o jurista Bortolotto: "O fascismo é uma revolução conservadora na medida em que exaltou o princípio da autoridade e reforçou-a contra uma liberdade democrática exagerada e sem medida".

Algumas sequências acima, os dois termos opostos da antítese encontravam-se explicitamente desenvolvidos – para serem colocados em convergência paradoxal na *fórmula*:

Quando dizemos *direita e esquerda… uma nação unida* – isso é fascismo! O fascismo ultrapassou a crise do Estado por uma dupla decisão. Com o nacionalismo, decide-se pela direita, com o sindicalismo pela esquerda. Assim podia-se criar o Estado unitário e total.

A narração jurídica completa do fascismo em sua adaptação alemã pode estender-se entre esses dois enunciados fundamentais ou esses dois *núcleos*: "Nun ist der Faschismus eine konservative Revolution. – So konnte er schaffen den […] totalen Staat".

Entre a antítese de Rocco e o enunciado mussoliniano, toda uma cadeia ou antes um campo inteiro de transformações desenha uma rede de relações. Aquela que veríamos tecer-se igualmente entre duas afirmações do Führer alemão: "Ich bin der konservativste Revolutionär der Welt[7]. – Der totale Staat werde keinen Unterschied dulden zwischen Recht und Moral"[8].

---

6 Guido Bortolotto, *Faschismus und Nation*, Hamburg: Hanseatische Verlags-Anstalt, 1932.

7 *Völkischer Beobachter*, 6 de junho de 1936.

8 Idem, 5 de outubro de 1933. Na tradução inglesa de N. H. Baynes, *The Speeches of Adolf Hitler. An English translation of representative passages arranged under subjects*, London: Oxford University Press, 1942, T. 1, p. 523: "The totalitarian State will make no difference between law and morality" [O Estado totalitário não diferenciará entre lei e moralidade].

70   INTRODUÇÃO ÀS LINGUAGENS TOTALITÁRIAS

Porém, a relação que Guido Bortolotto mostra na sua adaptação alemã entre a antítese da revolução conservadora e a fórmula do Estado total adquire toda sua dimensão do fato de que, na Alemanha de Weimar, não se trata mais, para o primeiro desses enunciados, de uma expressão ao acaso, como para desculpar-se ("si mi passi l'antitesi", pede Rocco), mas de uma longa *série* de enunciações que atravessa todo o período da República de Weimar e penetra profundamente no do Terceiro Reich, no ponto culminante de suas tensões, ou seja, as da primavera de 1934. A *rivoluzione conservatrice* é a improvisação de um dia e de uma ousadia de linguagem pela qual se desculpa o ministro da Justiça italiano. A *konservative Revolution* é uma tradição política que percorre todo um campo ideológico da direita alemã, ao menos de 1921 até 1934 e mesmo além, até 1940[9]. Seguir os enunciados nesse campo corresponde a observar um continente político que coincide, em seu conjunto, com aquele traçado por outras formulações que circulam então: *movimento nacional, revolução nacional – nationale Bewegung, nationale Revolution –*, a antítese descrevendo o avesso ou por assim dizer a doutrina surda (ou esotérica) daquilo de que esses outros sintagmas são a proclamação aberta.

LINGUAGENS, CORPOS SOCIAIS: RELATO SOCIOLÓGICO

Seguir os traçados da antítese e da fórmula na superfície do campo ideológico próprio à direita alemã e a seu movimento nacional faz com que apareça uma topografia escondida. Topografia que se move num espaço flexível ou melhor, topologia onde vizinhanças e distâncias transformam-se e podem ser medidas em termos de união e de intersecção dos *conjuntos de linguagens* (A distância entre dois conjuntos podendo ser considerada como equivalente à sua "diferença simétrica"[10]).

---

9 Cf. Hermann Rauschning, *The Conservative Revolution* (*A Revolução Conservadora*), New York: G. P. Putnam's Sons, 1940.

10 *Vers une formalisation* (*Para uma Formalização*), primeiro esboço da *Raison narrative* (*Razão Narrativa*), 1940.

A REVOLUÇÃO CONSERVADORA 71

Bem mais do que isso, as intersecções ou, o que é sinônimo, os produtos lógicos desses conjuntos ou dessas *versões* são os lugares ou antes, as linhas onde *multiplica-se* o que poder-se-ia provisoriamente designar como uma *energia* da linguagem ou mais precisamente, um poder de credibilidade. Desenhar ou construir as linhas dessas intersecções equivale a constituir o quadro desses estados de *energia* ou de credibilidade.

Seguir os traçados da *linguagem* é ressaltar energias ou credibilidades *sociais*. A câmara de Wilson é também o lugar experimental da física das partículas, onde o simples deslocamento dos traçados *luminosos* traduz as estruturas formais dos elementos e as transformações de sua energia *material*. Aqui, o cintilamento dos termos – palavras, frases, sequências – e a marca do discurso inteiro traduzem as relações e os deslocamentos de relações entre os grupos que trocam e onde se trocam essas linguagens. A semântica dos elementos do discurso (e a sintaxe que regula o engendramento de suas cadeias) traduz as relações e os deslocamentos de relações entre *objetos* reais – grupos que trocam e grupos que produzem mudanças –, dependendo de uma sociologia dessas linguagens. Transparece aqui algo de comparável à relação que se constitui entre a topologia (e a álgebra) dos elementos formais, por um lado, e por outro, a física dos corpos ou das partículas materiais, ou seja, entre a *sintaxe das versões* ou dos relatos ideológicos e a sociologia dos grupos dos que trocam e dos que promovem mudanças. A semântica (e a sintaxe) da história não deixando de determinar-se numa sociologia das linguagens. Questões de uma filosofia dos *transformantes*.

A relação que está em jogo entre a emissão de linguagem e esses *corpos* sociais que a trocam, enviam ou, se preferirmos, refletem-na, desenvolve semelhanças com aquela que se dá entre a emissão luminosa e os corpos materiais: semelhanças demasiado surpreendentes e precisas para serem apenas uma metáfora. Não é o momento de colocá-la em questão expressamente aqui. Mas, já se pode notar em um dos parceiros do jogo – Karl Manheim, ao mesmo tempo observador e narrador e também portador de uma versão ideológica precisa, a dos socialdemocratas, tendendo à observação *flutuante* da sociologia do conhecimento – uma referência significativa à propagação luminosa. Distinguindo do velho relativismo filosófico o que ele denomina *relacionismo*, toma como modelo "a teoria que leva todas as medidas dos corpos à relação fundada pela luz entre medidor e medido". Quando Manheim tenta constituir um método comparável à teoria da relatividade generalizada, qual equivalente encontrará da "relação fundada pela luz"? O relacionismo, precisa ele, não significa que na discussão não haja decidibilidade (*Entscheidbarkeit*), mas sim que pertence "à essência de enunciados determinados" serem formuláveis, não de maneira absoluta, mas apenas em "estruturas de aspectos" sempre ligadas ao ponto de vista. Mas pelo que vai determinar-se "a relação entre o medidor e o medido"? Manheim especifica ainda: a sociologia do conhecimento é "mais do que um relato sociológico", pelo simples fato de que "visões determinadas procedem de um meio determinado". Porém, é "também uma crítica" porque reconstrói "a capacidade de apreensão dos enunciados e seus limites". Não apenas *soziologische Erzählung*, mas também *kritik*, a teoria procurada não definiu, não obstante, o equivalente do que funda a emissão e a propagação luminosa na teoria física, isto é, a relação entre o medidor e o medido.

Ora, a propagação luminosa entre os corpos materiais, cuja medida será o evento fundamental com o qual abre-se a física moderna, é o que torna possível toda medida. O que se propaga entre os corpos sociais é aquilo sem o que não pode ser fundada ou *produzida* a relação entre medidor e medido, isto é, a linguagem. Não a linguagem morta ou inerte dos léxicos, mas a linguagem justamente carregada de sua capacidade de apreensão – o recitativo, a linguagem em sua função recitativa ou narrativa. É a *Critique de la raison narrative* (Crítica da Razão Narrativa) que abre a possibilidade de uma teoria dos campos da história: campos linguísticos e campos sociais em suas relações de deslocamentos conexos e recíprocos.

O que faltou à *sociologia do conhecimento* e a Manheim, ao núcleo propriamente dito de sua tentativa, é o acesso ao que estava precisamente se constituindo como teoria científica em sua proximidade. Um linguista é designado por ele incidentalmente, Weisgerber, o adversário empedernido, o delator do Círculo Linguístico de Praga, lugar onde constitui-se uma ciência teórica da linguagem capaz de fornecer as

A REVOLUÇÃO CONSERVADORA 73

chaves ou as perspectivas metodológicas à velha física social. Se Manheim refere-se frequentemente a Carl Schmitt, colocando-o num mesmo plano que Weber ou Lukács, como os únicos três capazes de realizar uma *análise de estrutura* em matéria de ideologia – Carl Schmitt[11] que será ideologicamente seu adversário absoluto –, em contraposição, nenhum dos grandes linguistas do Círculo de Praga, seus contemporâneos, é mencionado por ele uma vez sequer.

As objeções efetuadas com pertinência ao que Manheim queria designar como *Wissens-soziologie* são de duas ordens. Primeiro, o método, admitindo em princípio a correspondência das situações e das *ideias,* é arbitrário. Em seguida, não se passa simplesmente de uma interpretação do mundo a outra por um simples efeito de *tradução*: não se pode *traduzir,* de uma para outra, uma *visão marxista* em uma *visão liberal e vice-versa.* Pega na armadilha de um esforço desesperado para conciliar as *visões* ou *os aspectos,* a *tentativa de Manheim* só podia liberar-se por um deslocamento no terreno do método: ao tomar em consideração essa objetividade social – quase material, ou antes energética – da ideologia como enunciado, como discurso, ou, *mais precisamente, como enunciado* relatando seu referente ou como *relato*; mas *relato* nos campos de suas transformações.

Escapar às contradições e aos impasses da sociologia do conhecimento tal como a entendia Manheim, é introduzir a possibilidade de um *relato sociológico* que seja ao mesmo tempo uma crítica da função recitativa. Esta, em nosso modelo, empenha-se em reconstruir os traçados da *fórmula* e da *antítese* na linguagem que é emitida pelos diversos grupos ou corpos sociais do entreguerras alemão e propagada ou trocada entre eles.

VERSÕES

Destacar os utilizadores da *fórmula* é encontrar no caminho os nomes de Carl Schmitt, Ernst Forsthoff, Ernst Rudolf Huber, Ernst Krieck, Otto Koelreutter, Gerhard Günther, todos ou quase

---

11 Autor do *contraconceito,* segundo o próprio Manheim. Este vai citar Carl Schmitt citando Mussolini.

74 INTRODUÇÃO ÀS LINGUAGENS TOTALITÁRIAS

todos, juristas ou "filósofos", encerrados na faixa estreita da elaboração doutrinal no terreno do direito ou da filosofia do Estado – mas sempre gravitando ao redor dos enunciados de Ernst Jünger sobre a mobilização total. Reencontrar as polêmicas hostis à *fórmula* no interior do movimento nacional, fará aparecer, em contextos finalmente opostos, os nomes de Heinz Otto Ziegler – morto em combate durante a guerra em uniforme da RAF* – e de Alfred Rosenberg.

Seguir de perto os utilizadores da *antítese*, pelo contrário, é perder-se num labirinto onde a linguagem ideológica ultrapassa largamente os registros do Estado e do direito, é entrar estranhamente na desordem de uma *poética* da ideologia onde aparecem os nomes do Thomas Mann nacionalista de 1921 e de Hugo von Hofmannsthal – mas também Moeller van den Bruck e Otto Strasser, Ernst Jung e Hans Zehrer, Von Papen e Hermann Rauschning. Reconstituir ainda as polêmicas ao redor dos termos faria encontrar novamente o nome de Rosenberg, mas dessa vez numa cadeia paradoxal, pois o Reichsleiter, o líder do Reich para a Visão-do-Mundo tomou posição em 28 de abril de 1934 a favor de uma utilização positiva da antítese em seu discurso de Königsberg. Mas a partir de 19 de junho da mesma primavera, pelo contrário, ele atacava com veemência os "termos de *revolução conservadora*".

A batalha ao redor dos *termos* propagados traduz aqui uma luta de *grupos* armados – ou dos parceiros do poder social. Rosenberg ataca, em seu artigo de 19 de junho, o discurso feito dois dias antes em Marburgo por Von Papen, o vice-chanceler, que por sua vez referia-se ao seu próprio discurso de Königsberg. Mas o discurso de Marburgo e o discurso de Königsberg anulam-se reciprocamente: no editorial de 19 de junho, no qual Rosenberg anuncia, nas páginas do *Völkischer Beobachter*, o turbilhão que se terminará pelos massacres da Noite dos Longos Punhais.

Ora, já em 9 de janeiro de 1934, o mesmo Rosenberg havia condenado sem reservas a marca ou o selo de *Estado total – die Prägung vom "totalen Staat"* –, ao mesmo tempo que uma "fórmula sem conteúdo de Moeller van den Bruck sobre o direito dos povos jovens".

---

* RAF = Real Força Aérea britânica (N. da T.).

Pode-se ver aqui delinear-se a topografia da troca e da circulação das linguagens. Porque Moeller, Forsthoff, Von Papen pertencem todos à mesma órbita marcada ao longo do tempo pelos nomes do Clube de Junho, depois do Clube Jovem-conservador e do Clube dos Senhores – *Juni-Klub, Jungkonservative Klub, Herrenklub*: marcas que indicam o que as testemunhas e narradores alemães do pós-guerra designarão com o nome do segundo em nossa enumeração ou com o nome de seu órgão, *Der Ring, o Anel* – como *Movimento Jovem-conservador* ou *Movimento do Anel*.

Num dos números dessa revista mensal, Heinrich von Gleichen, secretário do Clube dos Senhores, precisamente, e antigo braço direito de Moeller, julga com severidade e inquietação um movimento cujo órgão, *Der Vormarsch* (A Vanguarda), é então animado por Ernst Jünger (o mesmo ao qual se referem expressamente quase sem exceção os ideólogos do Estado total) e representado por um de seus redatores como a expressão da *nationalrevolutionäre Bewegung*, do Movimento Nacional-revolucionário.

Transparece assim, no interior do conjunto de relatos ideológicos que percorrem em diversos sentidos os traçados da antítese e da fórmula, uma polaridade marcada pelos dois termos parcialmente opostos de *jungkonservativ* e de *nationalrevolutionär*. Parcialmente opostos porque cada um deles é constituído, por sua vez, de uma *antítese*, cujo tempo fraco (ou o epíteto) transpõe o tempo forte (ou o substantivo) do outro: *jung* significando *revolutionär* e *national* sendo, Moeller o diz expressamente, o equivalente de *konservativ*, já que a vontade de fundar o Terceiro Reich, "hoje não se denomina mais conservadora: já é chamada *nationale*... O nacionalismo... é conservador".

É próprio dos elementos do campo precisamente serem atravessados por essa polaridade em seus segmentos ou em suas cadeias. A esse respeito, o opúsculo de Forsthoff é exemplar.

POLARIDADE

O Estado total para Forsthoff é "o oposto do Estado liberal". É o Estado "na plenitude englobante de seu conteúdo, em oposição ao Estado liberal esvaziado de conteúdo, reduzido ao mínimo e tornado niilista" (*nihilisierten*) pelo efeito das autonomias, isto é, das seguranças e das legislações particularistas. E Forsthoff encadeava: o Estado total é uma fórmula, é uma palavra... Linguagem que não designa nem os "particularismos reacionários do velho estilo", nem "a grosseira mecânica do socialismo marxista", mas que encontra uma polaridade de outra ordem no campo recoberto por um termo singular, usado abundantemente pelo narrador de *Mein Kampf*: o *völkische Staat*, pois "tornou-se possível efetuar a distinção, indispensável para um Estado *völkisch*, entre a ordem da dominação e a ordem do povo": *Herrschaftsordnung und Volksordnung*. O desenvolvimento dos dois temas fará aparecer o que é, ao mesmo tempo, a polaridade e seu entrecruzamento.

Porque o lado da *Herrschaft* é o lado da autoridade e da sua conservação. O lado do *Volk*, do povo, parece dever ser aquele da revolução fundamental que dá ou tende a dar sua soberania – *Herrschaft* – ao povo justamente. Mas a diferença, a *distinção* que, segundo Forsthoff, é própria do Estado total, faz com que seja impossível a este último fundar-se sobre a soberania popular. O lado conservador da *Herrschaft* vai desenvolver-se com bastante clareza: seus dois elementos são o comando e a burocracia, *Führung, Burokratisierung*. O lado revolucionário do *Volk*, pelo contrário, vai movimentar-se na ambiguidade: é aquele da consciência *völkisch*[12], isto é, (porque as coisas subitamente voltam a ficar claras) "consciência da raça"[13], e *Rassefrage* – questão da raça, *Sterilisationgesetz* e finalmente e explicitamente, *Antisemitismus*[14]. O lado do povo desemboca nesta frase apologética que comenta a lei de 14 de julho de 1933 sobre a esterilização: "há novamente párias na Europa" – *Es gibt wieder Parias in Europa*.

O lado mais *revolucionário* é assim o mais conservador: a apologia do racismo, o denigrecimento do movimento operário em nome da *ordem concreta* e da *responsabilidade concreta* ou ainda da *responsabilidade total* procedem desse lado para reunir-se ao precedente, sob a alegação perpétua

---

12 *Völkische Bewusstein* (*Der totale Staat*, p. 44)
13 *Rassebewusstsein* (op. cit., p. 45).
14 A quase-equivalência *völkisch – Antisemitismus* já é manifesta aqui.

da Totalidade. O que foi separado pela *distinção* e pervertido pelo entrecruzamento é reunido pela magia da *Totalisierung*. Porque "a administração burocrática é ligada aos limites que sancionam pelo fracasso toda tentativa de sua parte para a totalização" – e assim justifica-se sua subordinação a uma *Führerordnung* que coloca acima das leis universais suas *decisões concretas*. Da mesma forma, a responsabilidade *concreta* ligada às leis raciais ou à eliminação dos sindicatos desemboca nesse "Estado da responsabilidade total" no qual o Estado total supostamente se resume: "Der totale Staat muss ein Staat der totale Verantwortung sein". Forsthoff vê o protótipo ou o pródromo dessas formas, retomando os termos de Jünger, na *totale Mobilmachung* de agosto de 1914. Ele designará como seu oposto característico o Estado de direito, enquanto forma da decadência, da queda ou do rebaixamento: da *Verfallsform*.

3. O Entrecruzamento

A polaridade que ordena o conjunto todo da linguagem, no *Estado Total* de Ernst Forsthoff, é desenvolvida abertamente no livro do fundador, em junho de 1919, do Clube de Junho, forma primitiva do *Jungkonservative Klub* do final dos anos de 1920 e do começo dos anos de 1930. O fundador, Moeller van den Bruck, que prefaciou a terceira edição, vai qualificá-lo de *revolucionário conservador*, especificando conclusivamente que o *Terceiro Reich*, título de seu livro, "não quer ser um evento literário" – mas antes uma "coisa dura e fria".

Um indício permite perceber, no prefácio de Hans Schwarz, como pode fazer-se coisa dura e fria o minúsculo evento literário que foi a publicação, no começo de 1923, do *Terceiro Reich* de Moeller van den Bruck: Moeller, resume ele, "queria conduzir o socialismo a um outro estádio, onde este aliar-se-ia ao nacionalismo". Assim, seria "este socialismo dos povos que nos conduziria à ideia alemã, a esta ideia de onde nasceria a ideia do Reich, do Terceiro Reich".

O narrador Hans Schwarz resumindo a narração de Moeller para o leitor dos anos de 1930 – "o que quer dizer que ele queria conduzir o socialismo a um outro estádio..." – faz surgir com toda ingenuidade o funcionamento fundamental do que

80 INTRODUÇÃO ÀS LINGUAGENS TOTALITÁRIAS

Thomas Mann, uma vez acordado do seu sonho nacionalista, chamou *o entrecruzamento*. Segundo H. Schwarz, uma vez que Moeller contava com o triunfo do extremismo, procurava enquanto esperava, "formar homens vindos de campos diferentes". Porém, apostando nessa diferença, sublinha Schwarz, a fim de "viver da força dos contrastes", ele a arrasta para onde estão os que denomina *os novos chefes*, lugar de uma pretendida regeneração espiritual que "só podia efetuar-se lá onde se afirmava a tendência *conservadora*". Assim, os homens vindos de campos diferentes só podem viver a força dos contrastes onde se afirma o campo conservador. O que Hans Schwarz narra, ainda mais detalhadamente, ao procurar na imprensa política de 1930 "os traços das fórmulas de Moeller": viver a força dos contrastes é, antes de mais nada e ao mesmo tempo, o ato de "afastar-se do liberalismo como a morte dos povos, nacionalização do socialismo e socialização do nacionalismo no conservantismo revolucionário, e direitos dos povos jovens". E acrescenta imediatamente a consequência: "os nacionais-socialistas apoderaram-se da expressão *Terceiro Reich*".

O livro que se pretende frio e duro começa pelo capítulo "Revolução", para terminar com o capítulo "Conservantismo", imediatamente antes da conclusão que se intitula "O Terceiro Reich". Toda a narração ideológica de Moeller van den Bruck mostra com clareza que a antítese associa efetivamente a força de seus contrastes numa tal *expressão* – como Bortolotto mostrara igualmente, no terreno mais tecnicamente jurídico, na *fórmula* de Estado total. Evidência da estratégia narrativa. Inicialmente, os contrastes: "O pensamento conservador distingue-se do pensamento revolucionário no sentido de que ele não confia em coisas criadas de maneira rápida e convulsiva [...] A revolução nasceu da traição – o Estado é a conservação".

Em seguida, os contrastes dobrados: "De fato, os dois objetivos, o que quer o revolucionário e o que quer o conservador, vão absolutamente no mesmo sentido. [E] nós queremos fazer uma espécie de liga conservadora-revolucionária. [Porque – e aí encontra-se a oposição, ou o truísmo pernicioso, de Rocco –] o que é revolucionário hoje, será conservador amanhã".

A seguir, dobradura do contraste num sentido bem determinado:

Queremos associar estas ideias revolucionárias às ideias conservadoras [...] A questão é apenas saber se o conservador deverá triunfar sobre a revolução, ou se o revolucionário encontrará por si próprio o caminho do conservantismo [já que trata-se de] domar de maneira conservadora o movimento da revolução. [Efetivamente], para o pensamento conservador, as experiências revolucionárias são um desvio [e, face ao revolucionário], o pensamento conservador conta com ele e procura englobá-lo em sua política. [Porque] o conservador [...] sabe simplesmente que o mundo será *sempre o que ele é*, por sua própria natureza, isto é, *conservador*.

Enfim, a reviravolta completa do contraste sobre a Totalidade reencontrada:

O conservador afirma que, apesar de suas transformações [...] o mundo estará apoiado, ligado e englobado politicamente a partir do Estado. [E se] o revolucionário quer a novidade da qual falava Lênin, o conservador está *convencido de que essa novidade* será sempre englobada, não pelas *coisas antigas*, mas pela *Totalidade* da qual é apenas uma parte.

Totalidade que poderia absorver e *englobar* nela o que muda, no mundo *tal qual ele é*:

[Sem dúvida], o comunismo tem a seu favor os setenta e cinco anos durante os quais o proletariado se prepara para conquistar o mundo; porém, os setenta e cinco anos têm contra eles a soma dos séculos, a natureza cósmica de nosso planeta e a natureza biológica dos seres que o povoam, essa mesma natureza que a mais alta e a mais profunda das revoluções, a vinda do Cristo e a introdução do cristianismo, não pode nem reprimir nem mudar.

O que resistiria assim a essa *mudança*? "Esses anos têm contra eles as capacidades diversas das raças, os efeitos da civilização e todas as leis espaciais que *sobrevivem às mudanças* do teatro da história".

A Totalidade que se esconde por trás daquela do Estado seria pois a mais permanente, a da *raça*: aí estaria o pivô em torno do qual, finalmente, gira o que se chama aqui, raivosamente, *revolução*.

E com efeito, é pertinente a oposição que o próprio Moeller inscreve entre seus enunciados e os de Lênin. Porque:

Moeller	Para o pensamento conservador, todas as coisas nascem ou começam. E todas as coisas têm um grande começo.
(Heidegger)	O começo é o maior (Discurso do Reitorado, 1933).
Moeller	Seria evidente, se o pensamento liberal tivesse conseguido realizar a manobra política que consiste em transportar para o final a gênese das coisas, por intermédio da ideia de progresso.
Lênin	A verdade não está no começo, mas no fim, ou antes na continuação (*Cadernos de filosofia*).
(Thomas Mann)	O futuro é o maior (*Histórias de Jacó*).

E aquele que se compraz em estigmatizar o velho-conservantismo, com a finalidade de fundar o que seus epígonos designarão, designando-se a si mesmos, pelos termos de jovem-conservador, Moeller Van den Bruck encontra aquele que se situa no outro polo do Movimento nacional, Ernst Jünger:

Moeller	Para o conservador, não há evolução.
Jünger	O conceito de *Gestalt* [...] rejeita a evolução.
(Moeller)	A frase sobre a qual Marx fundava seu pensamento admitia a ideia de evolução.

A força dos *contrastes* é um força entrecruzada: é na Alemanha, sustenta Moeller, que "a ideia revolucionária e a ideia conservadora encontram-se, cruzam-se, tocam-se". Mas, a única possibilidade desse cruzamento é estruturalmente conservadora, porque:

O ENTRECRUZAMENTO

"Enquanto a revolução só alcança involuntariamente o conservantismo, o conservantismo acolhe imediatamente a revolução".

Ao menos é o caso do que ele denomina o *contramovimento conservador*, pelo qual, "com os meios revolucionários, podem-se atingir os fins conservadores". Mais ainda, define como uma *vingança política* o que tenta determinar como "um pensamento que será ao mesmo tempo revolucionário e conservador".

A ironia da ideologia quer que os termos-chaves de Moeller produzam-se dois anos antes, numa página de Thomas Mann anunciando uma *Antologia russa* e ligada ao nome de Merejkowski – com quem Moeller havia editado as obras completas de Dostoiévski. Tratava-se aí da questão da crítica russa em Gógol e segundo Merejkowski, como passagem da criação inconsciente à consciência criadora: dito de outra maneira, da crítica "como começo da religião"! Mas isso é Nietzsche, exclama Mann. Porque Nietzsche combateu o cristianismo e o ideal ascético com o mais extremo rigor, sem desdenhar o *Aufklärung* positivista. No entanto, não foi em nome deste último que ele atacou o cristianismo, mas em vista de uma nova religiosidade, de um novo sentido da terra e da santificação do corpo, em nome do *Terceiro Reino* ou do *Terceiro Reich – in namen des Dritten Reiches* –, esse Terceiro Reich do qual falou Ibsen, em seu drama filosófico-religioso e, prossegue Mann, cuja "ideia sintética elevou-se há algumas décadas no horizonte do mundo".

Sua síntese é aquela "do Iluminismo e da lei, da liberdade e da obrigação, do espírito e da carne, de *Deus* e do *mundo*". – E aqui abre-se a sequência que Mann suprimirá das reedições posteriores, depois da reviravolta política que marcará para ele o assassinato de Rathenau:

[Essa síntese], exprimida na arte, é a da sensibilidade e do criticismo: exprimida politicamente, do conservantismo e da revolução. Porque o conservantismo só tem necessidade do espírito para ser mais revolucionário que uma *Aufklärung* qualquer, positivista e liberal, e o próprio Nietzsche, desde o início, desde as *Considerações Inatuais*, não era qualquer outra coisa que revolução conservadora – *nichts anderes als konservative Revolution*[1].

---

1 *Rede und Antwort*, Frankfurt am Main: Fischer, 1992. O ensaio de 1921, *Russische Anthologie* é retomado em *Altes und Neus*, Frankfurt am Main: 1953 e nas *Gesammelte Werke* publicadas ainda quando Mann vivia, mas sem

84 INTRODUÇÃO ÀS LINGUAGENS TOTALITÁRIAS

Um texto do segundo Thomas Mann[2] – aquele que, após a morte de Rathenau, já denunciara, numa carta ao seu amigo Bertram, a crueldade *völkisch* – retoma a relação de Nietzsche como Iluminismo e a revolução através de dois aforismas emprestados a *Aurora* e a *Humano, Demasiado Humano*. O primeiro intitula-se com ironia *A Hostilidade dos Alemães em Relação à Aufklärung*, o segundo tem por título *Reação Como Progresso – Reaktion als Forstschritt*.

Nietzsche designa aí Schoppenhauer como um gênio "triunfalmente retrógrado", exprimindo um corretivo à concepção do Iluminismo (em relação à qual, de outra parte, o espírito alemão havia-se mostrado tão ingenuamente desconfiado). Corretivo que fez justiça "ao cristianismo e a seus parentes asiáticos" – e segundo o qual podemos exibir novamente "a bandeira do Iluminismo, a bandeira com três nomes: Petrarca, Erasmo e Voltaire. Fizemos da reação um progresso".

Reação como progresso, progresso como reação, prossegue Mann: este entrecruzamento – esta *Verschränkheit* – "é um fenômeno histórico sempre recorrente".

A INVERSÃO

Assim, Lutero e a Reforma são ao mesmo tempo a forma alemã da revolução, os precursores da Revolução francesa – e o retorno à Idade Média, um golpe quase mortal na frágil primavera intelectual do Renascimento. O próprio cristianismo, antes de ser reformado por Lutero, é uma reformação: simultaneamente humanização do homem ou sua afinação e retorno à religiosidade original do sangrento banquete da aliança e do sacrifício do deus, "abominação retrógrada aos olhos do homem antigo e civilizado". Freud, enfim – porque o texto de Mann tem por objetivo definir seu lugar na história do pensamento moderno –, é o pesquisador da pulsão e das profundezas, a ser classificado entre aqueles que tomam uma direção revolucionária, contra

---

as duas últimas frases citadas. Estas só são restituídas no texto com a reedição póstuma e definitiva das *Gesammelte Werke* em 1960.

2 Die Stellung Freuds in der moderne Geistesgeschichte (1929), em *Altes und Neues*, Frankfurt: S. Fischer Verlag, 1953)

O ENTRECRUZAMENTO 85

o racionalismo clássico, em direção ao lado noturno da natureza e da psique. Ora, precisa Mann, "o termo *revolucionário* aqui toma um sentido paradoxal e, em relação ao uso lógico, invertido" – *verkehrt*. Quando Freud fala da *natureza essencialmente conservadora da pulsão*, de *Trieb*, e define a vida como a oposição ativa entre a pulsão de Eros e a pulsão de morte, isto soa como uma "reescritura (*Umschreibung*) do aforismo de Novalis: *A pulsão de nossos elementos vai em direção à desoxidação. A vida é oxidação forçada*". O pansexualismo freudiano e a teoria da libido são, na visão de Mann, apenas o romantismo alemão despido de sua mística e tornado ciência da natureza.

Ora, o paradoxo de Freud é o mesmo que o do romantismo, que é seu indício precoce daquilo que Mann denomina, em Novalis, seu *extremismo erótico*. Por um lado, no romantismo alemão, o parentesco intelectual com a Revolução francesa, de outro, o que Mann descreve como seu complexo da terra, da natureza, do passado e da morte, o *complexo de Volk*, o *Josef-Görnes-Komplex* ou a corrente da escola histórica que pode ser caracterizada "segundo o sentido das palavras em vigor, como reacionária". De maneira comparável, a psicanálise parece significar *o grande retorno* – o *grosse Zurück* – ao noturno, ao originário, ao pré-consciente, ao mítico e romântico (ou historicista) *seio materno* – e está aí o termo de *reação*, assegura Mann; mas, de outra parte, a vontade de futuro e a de tornar consciente, através da dissolução analítica – e "apenas isso merece o nome de *revolução*".

O entrecruzamento freudiano é assim o inverso exato daquele que Mann revela no que denomina a *völkische Idee*. Se bem que esta seja a "ficção tentada" para fazer admitir que o momento intelectual em 1929 seja o mesmo que no início do século xix, para fazer crer que o *ódio do espírito*, hoje, reencontra o sentido que havia no culto da dinâmica natural e do instintivo, no romantismo e em Bachofen, e essa ficção quer ver na guerra travada contra o intelectualismo e a crença no progresso, um movimento "de caráter autenticamente revolucionário": agora, como então, afirma Mann com desprezo, os acessórios românticos do nacionalismo vêm tornar a ideia *völkische* a tendência da moda. Mas onde estariam, pergunta ele, os decênios de "humanidade morna" que evoca esta ficção e da qual ela seria o "ultrapassamento revolucionário"? De fato, guerra mundial, explosão

86 INTRODUÇÃO ÀS LINGUAGENS TOTALITÁRIAS

do irracional, imperialismo do capital e "nacionalismo internacional", eis as terminações próprias a uma tal época – à qual "a alma *völkische* [apenas acrescenta] o ódio, a guerra".

A narração de Mann apenas anuncia – no ano de 1929 – aquela que uma outra testemunha na extrema esquerda do campo ideológico, Wilhelm Reich, dará quatro anos mais tarde, no ano do surgimento hitlerista. O que se dá então como "o princípio dinâmico, a natureza liberada do espírito no *frescor* da juventude revolucionária" é tão somente, aos olhos de Mann, "o grande Retorno desempoeirado e maquiado com as cores do ruidoso Avante": aqui, sublinha ele, trata-se da "reação como revolução" – *die Reaktion als Revolution*. E a outra testemunha, W. Reich, acrescentará: "conceitos reacionários somando-se a uma emoção revolucionária têm por resultado a mentalidade fascista".

Indubitavelmente, existe, seguindo a hipótese de Mann, um "caráter regressivo do revolucionário" na própria psicanálise – entendida não mais como clínica, mas como movimento cultural, enfatizando o que, na natureza, é o domínio noturno ou o demoníaco. Mas, existe também um aspecto *produtivo de conhecimento*: conhecimento do vivente e esclarecimento do obscuro, vontade de cura e solução trazida ao enigma – uma vontade médica que tem a ver com a *Aufklärung*. O movimento cultural que acompanha a ação da psicanálise é a intervenção de conceitos *revolucionários no universo da afetividade regressiva*: desta feita, é a regressão transformada em progresso – a reação que se mascara em revolução, poderíamos concluir em nome da testemunha Mann. Porque, dirá a outra testemunha, W. Reich, foi "*Freud e não Schicklgruber*" quem explorou o espírito humano. A *revolução biológica* que pretendia este último é uma revolução que abortou porque, reivindicando a libertação da dinâmica vital, ela era apenas a "consequência extrema e reacionária" de todos os *tipos de comando não democráticos* do passado, fundados sobre o medo da vida: o contrário exato do que W. Reich chama curiosamente as *revoluções culturais* – "determinadas pela luta da humanidade pelo restabelecimento das leis naturais da vida de amor".

TOPOLOGIA DA PESTE

Se observamos dessa forma inverter-se o entrecruzamento, quando dispomos face a face as polaridades do freudismo e as do *irracional fascista* (para falar como a testemunha Reich), é que as relações da linguagem com a pulsão, de uma parte, e com a história de outra, são aqui colocadas em jogo de uma maneira evidente e radical. Seguir a topografia e as referências da *revolução conservadora* não se reduz à simples descrição de uma retórica política. Os encadeamentos e deslocamentos formais e suas transformações articulam-se com referências fundamentais. Dizer, como W. Reich, que o irracional fascista, enquanto revolução abortada, encontra seus conceitos na reação e empresta suas emoções à revolução, indica a dissimetria do *topos* ideológico no campo da revolução conservadora. O que faz da invasão da linguagem hitlerista a epidemia de uma *peste psíquica* liga-se ao que lhe é característico, ou seja, que os termos da topografia ideológica jogam incessantemente os papéis de polos e de funções psíquicas bem determinadas. A decifração desses papéis e dessas funções nestes polos, a transcrição da topologia das linguagens em tópica do sujeito, pertence à crítica da função ideológica, ao mesmo título que a análise da relação à economia geral da produção e da troca.

Já nesses primeiros traços, aparece algo cujo homólogo perceberemos no terreno do econômico: o irracional fascista ou a revolução conservadora que é sua estrutura, constrói-se como o inverso de uma terapêutica ou de uma clínica.

Revolução conservadora! Em 1936, Mann exilado em Zurique comenta na revista que ele acaba de fundar – *Mass und Wert* [*Medida e valor*] – o fato desastroso de ter sido o inventor inicial dessa aliança de termos em sua temível relação com a *Staattotalität.*

"A narração acompanha efetivamente o drama de um comentário, sem o qual não haveria uma encenação possível". Mann corresponde precisamente ao que Jacques Lacan teria chamado de o *narrador geral* da história e seu *narrador original* ou inicial, que simultaneamente efetuou o primeiro relato e, ao final, o relato dos relatos variantes e por ele nos é dado "o esclarecimento frizando [...] que a narração dá a cada cena o ponto

88   INTRODUÇÃO ÀS LINGUAGENS TOTALITÁRIAS

de vista que tinha cada um dos seus atores ao representá-lo". A própria *letra* da *revolução conservadora* é esse significante deixado a nosso encargo, ao mesmo tempo sintoma e código e cuja primeira impregnação foi marcada – a *Prägung* inicial – por Mann, que também traçou seus sentidos últimos. Poderíamos dizer, como a respeito da *carta roubada* de Poe, que seu deslocamento no campo vai determinar os sujeitos ao deslocar suas relações. Seguir no campo político os deslocamentos da antítese e das narrações que a portam é observar construir-se, sob nossos olhos, uma encenação que é a própria história.

Mann, por outro lado, às vésperas da ii Guerra Mundial, retrocede ainda mais, às *Considerações de um Apolítico*, publicadas perto do final da i Guerra Mundial e que pertencem, no percurso do autor, à mesma fase ideológica que o texto sobre a *Antologia Russa*. Livro volumoso e laborioso, ou mesmo, admite ele, penoso. Indubitavelmente, é preciso reconhecer que ao confrontar-se então com o que denominava *democracia*, fazia-o em nome da cultura e da liberdade – da liberdade moral, cujas relações com a liberdade civil preferia ignorar. Erro típico da burguesia alemã – da *Bürgerlichkeit* –, acreditar que fosse possível para um homem de cultura ser apolítico. Posição característica dessa *cabeça extraordinária* que foi o inimigo mais ativo de Hegel e o precursor de Nietzsche: Schoppenhauer, levando *o antirrevolucionarismo* até o ponto de ser um *reacionário revolucionário* ou um *extremista conservador*. *Anti-Revolutionarismus, revolutionär Reaktionär, konservative Radikalismus*: essas negações invertidas, essas duplicações e inversões da antítese decorrem, na visão manniana, das atitudes próprias à *pura genialidade*, concomitantemente, schoppenhaueriana e filistina... E que acabou por tornar o espírito alemão "a vítima da *Staattotalität*".

O homem da cultura apolítica tornou-se aquele que possibilita o momento em que "a política eleva-se por si mesma à Totalidade [e acaba] na catástrofe cultural do nacionalsocialismo". Schoppenhauer é o capitalista alemão, lembra Mann, que emprestou seus binóculos de teatro a um oficial que observava de sua janela os democratas alemães nas barricadas de 1848, a fim de que este pudesse atirar nos insurretos em melhores condições. Esse pensador, sublinha ele, é "antirrevolucionário por melancolia", por culto do sofrimento e em virtude de sua "crítica da vida". Mas, esse antirrevolucionário – e com ele o burguês alemão, o *espírito alemão* – para ser "livre do político, [acabará] no terror do político". Seu antirrevolucionarismo conduzirá a "uma revolução da decomposição, da destruição absoluta e planificada de todos os fundamentos éticos, a serviço da ideia politicamente vazia da potência".

A afetação das pessoas distintas recusou toda revolução de liberação: tornou-se o instrumento de uma perturbação em forma de *amok*, de uma *Total-Revolution*, à qual não pode ser comparada "nenhuma irrupção dos hunos".

REVOLUÇÕES RETRÓGRADAS

Que a antítese não deixa de ter relação com a pretensão à pura genialidade não encontrará sua única referência em Mann e sua *Antologia Russa*, mas também no discurso solene de Hugo von Hofmannsthal no grande auditório da Universidade de Munich em 1927 – sobre *A Escritura Como Espaço Espiritual de Uma Nação*.

Texto característico do poeta vienense, "meio-judeu", ligado ao Círculo de Stefan George, mas que dele distanciou-se. Característico do que Mann chama *apolitismo* do espírito alemão. Referir-se a ele acabará servindo de justificativa para um outro narrador privilegiado, Hermann Rauschning: o livro que ele intitulará em inglês *The Conservative Revolution* vai articular seu título à frase final pela qual Hofmannstahl convocava enigmaticamente a uma *Konservative Revolution*. Livro de exilado, onde é contada em 1940 a trajetória de um homem que inaugurou sua intervenção política pela frequentação do Clube Jovem-conservador e do Clube dos Senhores, antes de ser incitado por um de seus amigo, desses mesmos *lugares*[3], a aderir ao NSDAP. Até o momento em que o presidente do senado de Dantzig deixa seu partido, doravante no poder, de forma espetacular.

---

3 Treviranus, cf. *Langages totalitaires*, livro I, parte II, o *Groupe* hanséatique.

90 INTRODUÇÃO ÀS LINGUAGENS TOTALITÁRIAS

Edgar Julius Jung, um dos amigos de Rauschning, que este nos diz ter conhecido no Clube dos Senhores, será em 1933, até um certo dia de junho de 1934, o secretário de Von Papen e o autor efetivo de seus discursos políticos. Mais ainda, vai se vangloriar de ter, pessoalmente, transmitido a Von Papen a sugestão fundamental: constituir um governo com Hitler e seu partido. Esse Edgar Jung publica um texto no decurso do ano de 1932 com o título *Deutschland und die konservative Revolution.*

Concluindo um livro que conta oitenta autores e dá-se expressamente por objetivo combater a lenda francesa da má Alemanha, retoma dez anos mais tarde a perspectiva de Moeller: estamos no centro da Revolução alemã. Esta não adotará formas manifestas, à maneira francesa do ataque à Bastilha, mas será uma operação de longa duração, como fora a Reforma. Ela revisará todos os valores humanos e todas as *formas mecânicas*, opor-se-á a todas as forças e pulsões, às fórmulas e aos objetivos que a Revolução francesa fez amadurecer. O que isso quer dizer? "A grande contrarrevolução conservadora impedirá a dissolução da humanidade ocidental fundando uma nova ordem, um novo *ethos*, uma nova unidade do Ocidente, sob a *Führung* alemã".

A referência pseudonietzscheana aos novos valores permitiu a inversão da pretendida Revolução alemã em sua fórmula desenvolvida: a *grosse konservative Gegenrevolution*.

É claro e explicito então – se seguirmos de perto os enunciados próprios aos narradores ativos, a fim de ver inscreverem-se seus traços – que o sintagma da revolução conservadora é equivalente ao da contrarrevolução. E eis uma definição expressa: "Denominamos *revolução conservadora* a nova advertência atenta a todas as leis e valores elementares sem os quais o homem perde sua ligação com a natureza e com Deus e não pode construir uma ordem verdadeira".

Uma série de oposições traduz esta primeira declaração:

No lugar da igualdade, o valor (a valência, Wertigkeit) interior; no lugar do sentimento social, a construção justa de uma sociedade hierárquica; no lugar do voto mecânico, o crescimento orgânico do Führer; no lugar da obrigação burocrática, a responsabilidade

O ENTRECRUZAMENTO

interior da autoadministração autêntica; no lugar da felicidade das massas, o direito à personalidade do Volk.

Aos estereótipos habituais no conjunto do Movimento nacional, acrescentam-se aqui os traços de linguagem mais característicos de certos setores do *Ring* (o particularismo da *autoadministração*, à qual Forsthoff precisamente oporá o Estado total). Ou do Movimento de juventude (a *responsabilidade interior*). Por que combatemos no passado? pergunta Edgar Jung. A resposta será esta narração cujo termo final está por vir e tem como nome, uma vez mais, o *Terceiro Reich*.

Porque "o Terceiro Reich não será possível como uma continuação do grande processo de secularização, mas como sua finalização". Não surpreende em nada saber que ele será germânico ou não será. Mas ao mesmo tempo – sublinha Edgar Jung com uma insistência curiosamente *linguística* –, "a linguagem da Revolução alemã será uma linguagem mundial. Como assim? Mais precisamente "por causa dessa posição de princípio nacionalista" que acaba de ser mencionada. Porque Edgar Jung, usando repentinamente uma aliança de palavras mais familiar aos partidários nacionais-revolucionários de Jünger do que aos aderentes do Clube Jovem-conservador, precisava que "*o novo nacionalismo é* um conceito cultural e religioso, porque ele leva à Totalidade – *zur Totalität drängt* [e] não tolera ser limitado ao puro político". A linguagem da Revolução alemã será mundial porque seu nacionalismo não se limitará às fronteiras dos Estados nacionais, mas conduzirá à *Totalidade* de um Terceiro Império germânico.

A língua alemã, prossegue contudo Edgar Jung, não se deixa absolutamente tratar como língua universal, embora a linguagem de um Hegel, de um Marx, de um Nietzsche esteja viva no mundo inteiro e estejamos atualmente, assegura ele, "à escuta das vozes da *revolução conservadora* alemã". Mas quanto a isso, acrescenta Edgar Jung, temos sobretudo em vista a protestação de massa que o nacional-socialismo encena (*darstellt*). Também ele faz profissão de fé no Terceiro Reich, embora permaneça em aberto a questão de saber se é no *sentido* profundo e englobante (*umfassende*) como compreendem os homens que reavivaram a ideia do Sacro Império. Para Edgar Jung, duas versões opõem-se

92 INTRODUÇÃO ÀS LINGUAGENS TOTALITÁRIAS

a respeito do nacional-socialismo, mas ambas pertencem ao mesmo campo de sentido: pode-se ter a opinião de que se trata de impregnar o nacional-socialismo com esse "renascimento espiritual" que a última década deu à Alemanha ou pode-se também admitir que ao nacional-socialismo foi acordada uma tarefa histórica limitada: a demolição de um mundo podre, a preparação da grande abertura que deve levar ao Estado novo. Porém, em ambas as alternativas, confirma-se que "a nostalgia das massas que atualmente se dedicam ao nacional-socialismo provém da grande herança conservadora (*konservativen Erbbilde*) que nelas repousa e obriga-as a agir". Para Edgar Jung, seguramente, permanece ainda uma questão sem resposta "que a manifestação desta nostalgia, que atualmente se denomina nacional-socialismo, porte sobretudo os traços da revolução conservadora ou da liquidação do liberalismo". De qualquer maneira, conclui ele, nossa hora chegou: a hora da Revolução alemã.

O que ao menos já se manifesta na linguagem dessa revolução singular, dada como expressamente conservadora ou contrarrevolucionária, é que seus traços deslocam-se de um polo a outro:

	• jovem-conservador: o Sacro Império
e	• nacional-revolucionário: o novo nacionalismo,
ou do	• Movimento de juventude[4]: a responsabilidade interior
ao	• movimento racista: o caráter *völkisch*[5].

Deslocamentos que deslocam consigo a questão *permanente*: será que os *traços* dessa revolução conservadora serão levados antes de mais nada e de maneira dominante – *vorwiegund* – pelo que "se denomina hoje em dia nacional-socialismo"?

De qualquer maneira, concluía Edgar Jung, o jovem-conservador, em 1932, nossa hora chegou. Que a história o tenha tomado ao pé da letra, apresenta uma ironia particular: os dois

---

4 Jugendbewegung ou Bündische Jugend (Juventude Unida)

5 A referência ao *vökilsche Charakter* em Edgar Jung decorreria talvez de uma *Charakteranalysis* à maneira de W. Reich, que Jacques Lacan julga ter sido em análise "uma etapa essencial da nova técnica". Sobre W. Reich, ver sobretudo Gilles Deleuze e Félix Guattari, *Capitalisme et schizophrénie. L'anti-Œdipe* (Capitalismo e Esquizofrenia. O Anti-Édipo). Paris: Editions de Minuit, 1972, p. 37, 412-413.

O ENTRECRUZAMENTO 93

homens pelos quais a hora chegou, efetivamente, são os que aplaudirão um ao outro, em maio de 1933, pelos méritos de um "discurso conservador-revolucionário".

Após a tomada do poder pelo governo dito de *sublevação nacional*, em 30 de janeiro, um certo Erich Gritzbach ocupará, com efeito, um cargo especial próximo do novo ministro do Interior da Prússia, Hermann Göring. Este, em 19 de maio, promovido a presidente do Conselho da Prússia, pronunciará, em Berlim, seu primeiro discurso diante do *Landtag* prussiano. Como notará seu hagiógrafo Gritzbach, esse discurso é revolucionário-conservador – *diese Rede ist konservativ-revolutionär...*

Nessa biografia de Göring publicada em 1937, a antítese desenvolve-se inteiramente nessa última *linguagem da Revolução alemã*:

> *Conservador*, no sentido da doutrina de Estado de Hitler – conservar (*erhalten*) o que é bom e que foi testado, mas, muito mais, retomar as tarefas não-cumpridas e necessárias ao Estado e conduzí-las à realização final. *Revolucionário*, na *afirmação de todos os direitos* do camarada de raça[6] (*Volksgenossen*) nacional-socialista e na negação de toda reivindicação contrária ao nacional-socialismo[7].

A linguagem desse *revolucionário* é comparada aqui com as palavras de um outro: "as palavras explodem, como Bismarck pronunciou na mesma Câmara e no mesmo combate contra a negação". Erich Gritzbach não é outro senão o Secretário de Estado que, em ligação com o Obergruppenführer ss Theodor Eicke, preparou, em junho de 1934, a lista de proscritos da Noite dos Longos Punhais, noite cuja encenação foi assegurada por Hermann Göring e Heinrich Himmler. A linguagem da *Revolução alemã* passando pelo uso de tais termos assegurará, com efeito, a Edgar Jung que sua hora – a hora conservadora-revolucionária – chegara. Porque será Gritzbach, sem dúvida, que inscreverá sua morte na lista e Göring, pai da Polícia secreta do Estado, que assegurará a execução.

---

6 É a tradução que nos propõe Herbert Marcuse em 1961 – *Volk* neste sintagma tipicamente nazista, não sendo tomado no sentido de *soberania do povo*, mas no sentido *völkisch* ou de *Urvolk*: *Kein Jude kann Volksgenosse sein* (programa do NSDAP).

7 Erich Gritzbach, *Hermann Göring*, München: Eher Verlag, 1938.

94   INTRODUÇÃO ÀS LINGUAGENS TOTALITÁRIAS

Raramente, a locução *poder executivo* teve uma conotação tão precisa e perigosa. Porém, o discurso no Augusteo, de imediato e antes mesmo de afirmar sua ferocidade totalitária, tinha se pronunciado a esse respeito de maneira decisiva. Precisa e muito simplesmente, tratava-se de afirmar a onipotência do executivo: "O fato de colocar em primeiro plano o poder executivo deve-se verdadeiramente às linhas mestras de nossa doutrina. Porque o poder executivo [...] é o poder que exerce o poder".

Aqui, *invertem-se* de maneira expressa os conceitos construídos pelo pensamento político ocidental, de Locke a Rousseau: "o poder executivo é o poder soberano da nação". Dois dias antes do discurso e a partir do relatório de Rocco, vimos a Câmara italiana adotar a "lei para a concessão ao poder executivo da faculdade de impor normas jurídicas"[8]. Por essa lei, o executivo tornou-se praticamente legislador, isto é, o soberano efetivamente.

A primeiríssima aparição da linguagem totalitária no discurso político italiano articula, então, com clareza, os conceitos fundamentais graças aos quais o poder executivo disporá, nove anos mais tarde na Alemanha, do poder soberano de fazer executar sem julgamento o doutrinador da grande contrarrevolução conservadora: Edgar Jung, jovem-conservador e novo nacionalista, apologista do caráter *völkisch* e da Totalidade. O que é, pois, dito em termos claros, essa revolução conservadora, cuja hora efetivamente chegara e que o próprio Jung anunciara e exigira, alguns dias antes, em Marbourg, por intermédio de Von Papen e que Rosenberg, o "dirigente da Visão-do-Mundo", acabara de postular em Königsberg ? É o que Mann descreverá em seu *Doutor Fausto*: é a revolução do *revolucionário-retrógrado – revolutionär-rüskschlägig*. Conceito paradoxal, quando Mann o delineia no contexto dos alegres convivas da mesa-redonda, em Munique, em torno da aventura musical e nietzscheana de Adrian Leverkühn.

---

8   Em seu discurso de 14 de dezembro de 1925 no Senado, a propósito da mesma lei, Rocco usará o adjetivo *totalitário* para designar a oposição: "Não é o momento para uma oposição totalitária e sistemática» – *il momento di un'opposizione totalitaria e sistematica*. Evidente que nessa data, o termo não é ainda conotado de *totalitarismo* e que 1925 é a data de seu primeiro uso político.

O ENTRECRUZAMENTO

Mas conceito claríssimo, quando Marx, crítico da filosofia do Estado de Hegel, efetua sua análise.

Porque toda revolução efetiva é legislativa, afirma Marx em seu rascunho prodigioso, cuja introdução, apenas, será publicada pelos *Annales franco-allemandes* da rue Vaneau – e é esta proposição fundamental que o opõe à Totalidade do Estado hegeliano: "O poder legislativo fez a Revolução francesa, ele fez de maneira geral, em toda parte, as grandes revoluções universais".

A revolução do segundo congresso dos sovietes em outubro de 1917 não constitui uma exceção a essa lei da história. E isso "porque o poder legislativo era o representante do povo, da vontade geral" (*Gattenswillen*). Inversamente: "[O poder executivo,] o poder governamental fez as pequenas revoluções, as revoluções retrógradas, as reações – *die kleinen Revolutionen, die retrograden Revolutionen, die Reaktionen*".

Pior: o poder executivo, escreve Marx com desprezo "[revolucionou (*revolutioniert*)] não por uma nova constituição contra uma antiga, mas contra a constituição, e isso precisamente porque o poder governamental era o representante da vontade particular, do arbitrário subjetivo, da parte mágica da vontade".

A *linguagem da Revolução alemã* tinha conduzido a parte mágica da vontade a apoderar-se da totalidade do Estado e, através dela, do que Mann denominava *a totalidade do problema humano*; eis que se cumpria, sob nossos olhos, o mais perigoso dos experimentos sobre a relação entre a linguagem e a ação, entre a mudança de formas e a transformação material.

Numa linguagem tal, pode-se ler, escutar e ver encandearem-se os significantes fundamentais: *konservative Revolution, Drittes Reich, Totalität*. Ver constituírem-se os deslocamentos e o desenho dos traços comuns a toda língua do Movimento nacional, em todos os seus polos periféricos e até em seu centro, é ao mesmo tempo ver como torna-se ativo, a cada vez e em cada segmento, o relato ideológico dos atores ou dos mensageiros – a ponto de tornar possível uma contrarrevolução que seja também *Total-Revolution*, à qual não será comparável *nenhuma irrupção dos hunos*.

Ao mesmo tempo, uma proposição fulgurante de Marx, em sua *Comunicação* da Internacional sobre a Comuna de

96 INTRODUÇÃO ÀS LINGUAGENS TOTALITÁRIAS

Paris, conheceu um destino que parecia contradizer e anular os enunciados claros de sua *Crítica a Hegel*. A Comuna, precisa ele, é um "órgão trabalhando, [...] ao mesmo tempo executivo e legislativo". Lênin concluirá disso que a separação dos poderes é doravante ultrapassada pela revolução. Mas os *Esboços* da *Comunicação*, os *Entwürfe*, e os *Cahiers de presse* que os acompanham trazem as precisões úteis sobre a Comissão executiva da Comuna, distinta da Assembleia dos eleitos: ela pode propor decretos ao voto da Assembleia. Mas se eles são rejeitados ou postergados por esta, observar-se-á muitos membros oferecer suas demissões e deixar o *poder executivo* para voltar a seus lugares de simples membros legisladores. Tal será o caso do promotor do temível *decreto sobre os reféns*, Raoul Rigault: ele se demite da Comissão executiva após o voto de postergação do decreto.

Se Stálin, Secretário-geral do Bureau Político, adquire um estatuto de poder *total* que o iguala ao do Führer do Terceiro Reich, sê-lo-á em virtude desse contrassenso crucial de Lênin, que dele fará um axioma de suas proposições ao congresso da Terceira Internacional, rejeitando a separação dos poderes da *ideologia burguesa*. Porém, os *Esboços* da *Comunicação* criticam precisamente o Segundo Império por ter feito da forma parlamentar um "apêndice enganador do poder executivo", estigmatizado pelo primeiro *Esboço* como "usurpação do Estado", como "ditadura usurpada do aparelho governamental" nos termos do segundo *Esboço*. A ideologia do *marxismoleninismo* era apenas uma ficção, obtida num ponto decisivo pela confusão das línguas.

Documentos de Linguagem

VÖLKISCHE TOTALITÄT E RASSEBEGRIFF CONTRA TOTALE STAAT

Die völkische Auffassung des Nationalsozialismus

Völkisch bedeutet eine andere Auffassung wom Wesen der Ganzheit Volk als sie der Liberalismus hatte. [....] Die völkische Auffassung betont im Gegensatz zur liberalen bewusst die sogenannten Naturgemeinsamkeiten des Volkes. Sie sieht im Volke eine biologische Lebenseinheit und zieht aus dieser Auffassung im Gegensatz zum Liberalismus politische Folgerungen. Der Rassebegriff (vgl. unten § 17), aber auch die Bedeutung des Raums und der Heimat, treten betont in den Vordergrund und wirken sich auch staatsrechtlich aus.

Von dieser Auffassung des Volkes werden dann auch alle Lebensgebiete des Volks- und Staatslebens beherrscht. Die Totalität des völkischen Gedankens durchdringt sie sämtlich.

A concepção "völkische" do nacional-socialismo

Völkische significa uma concepção da essência da Totalidade *Volk* completamente distinta daquela do liberalismo. [...] A concepção *völkische* acentua conscientemente, em oposição à concepção liberal, o que pode-se chamar as *comunidades* naturais do povo. Vê no povo uma unidade de vida biológica e tira as consequências políticas dessa concepção em oposição ao liberalismo. O *conceito de raça* (ver abaixo, §17), mas também a significação do espaço e do país natal participam de maneira central e agem também no plano do direito do Estado.

Uma tal concepção do povo domina também todos os domínios vitais na vida do povo e do Estado. A Totalidade do pensamento *völkische* penetra-a inteiramente.

Aus dieser völkische Totalität ergibt sich weiter, dass nach der nationalsozialistische Auffassung die Kontinuität des politischen Geschehens durch das Volk als politische Grösse, nicht durch den Staat geht. [...] Insofern bildet die Hegelsche Auffassung vom Staat als *Wirklichkeit* der sittlichen *Idee* eine a-völkische Position, die dem Nationalsozialismus fremd ist. [...]

Die These, dass das Volk eine unpolitische *Seite* sei, führt, wie schon gezeigt, zur Auffassung des liberalen Machstaates, [wie sie im faschistischen Staatsgedanken Ausdruck gefunden hat. Während für das nationalsozialistische Denken Staat und Recht um völkische Lebensfunktionen sein können, betont der Faschismus scharf den Eigenwert des Staates, durch den die Nation erst geschaffen wird]. Diese sich im Hegelschen Gedankengängen bewegende Auffassung führt dann notwendig weiter zu den Auffassung des totalen Staates d.h. des Staates als totalen Machtapparat. Auch diese Auffassung ist dem völkischen, nationalsozialistischen Denken* fremd.

> Für die Auffassung Carl Schmitt vergl. vor allem seine Schrift "Staat, Bewegung, Volk", 1933, und die Schrift seines Schülers Forsthoff, "Der totale Staat", 1933.

> * Im Rahmen dieses Grundisse ist eine eigenhende Erörterung dieser Frage nich möglich. Es muss geachtet werden, dass es sich dabei nicht im blosse theoretische Streitigkeiten handelt, sondern dass es um die politischen Grundanschauungen geht.

Dessa Totalidade *völkische* decorre, ainda mais, o fato de que, para a concepção nacional-socialista, a continuidade do evento político passa pelo povo como *grandeza política e não* pelo Estado. Dessa forma, a concepção hegeliana do Estado como *realidade da Ideia moral* constitui uma posição *a-völkische*, que é estranha ao nacional-socialismo. [...]

A tese segundo a qual o povo é o *lado apolítico* conduz, como foi visto, à concepção do Estado liberal de poder, [que encontrou sua expressão no princípio fascista do *Estado. Enquanto para o pensamento nacional-socialista* o Estado e o direito podem existir em vista de suas funções de vida *völkische*, o fascismo sublinha de maneira categórica o valor próprio do Estado, pelo qual a nação foi criada em primeiro lugar]. Essa concepção, desenvolvida nos procedimentos do pensamento hegeliano, conduz então necessariamente à do *Estado total*, isto é, do Estado como aparelho total de poder. Essa concepção é igualmente estranha ao pensamento *völkische* e nacional-socialista*.

> Para a concepção de Carl Schmitt, ver sobretudo seu escrito *Estado, Movimento, Povo*, 1933 e o escrito de seu aluno Forsthoff, *O Estado Total*, 1933. (A passagem entre colchetes foi *suprimida* na terceira edição, 1938, p. 68).

> * No quadro desse esboço, uma discussão aguda dessa questão não é possível. É preciso observar que não se trata de simples controvérsias teóricas, mas que se trata de visões políticas fundamentais.

Otto Koellreutter, Deutsches Verfassungsrecht (Direito Constitucional Alemão), Junker & Dünnhaupt Verlag, Berlin: 1933, p. 10, 65 (N. da E.: trad. para o português baseada na tradução francesa de J.-P. Faye).

DOCUMENTOS DE LINGUAGEM

A RECUSA DO *ESTADO TOTALITÁRIO* NA IDEOLOGIA NAZISTA

Unscharf ist die *Bezeichnung* unseres Reihes als, *autoritärer Staat* oder *totalitärer Staat**. Autoritär oder totalitär sind weist "liberale Machtstaaten" (Höhn) zwecks Aufrechterhaltung eilner Herrschaftsposition gegen neues Leben (Beispiele: Osterreich vor der Wiedervereinigung oder Rumänien unter dem Carol-Regime). Bei hnen ist im Gegensatz zum nationalsozialistischen Deutschen Reich das Volk nicht Inhalt des Staates, sondern Objekt der Herrschaft. Ein autoritärer Staat ist auch das faschistische Italien. Die autoritäre Staatsform entspricht romanischer Staatsauffassung nach welcher der Staat von oben her aufzubauen ist, um alle Kräfte der Gesamtheit für Ziele, welche die Zentralgewalt setzt, gleichförming in Bewegung setzen zu können. Der Faschismus hat es verstanden, dieser Staatsform einen eigenen Charakter zu geben.

É *inexata* a *designação* de nosso Reich como *Estado autoritário* ou *Estado totalitário**. Autoritários ou totalitários, são, antes, os *Estados liberais de poder* (Höhm), tendo por objetivo a conservação de uma posição de dominação face a uma nova vida (exemplos: a Áustria antes da reunificação ou a Romênia sob o regime [do rei] Carol). Para eles, contrariamente ao Reich nacional-socialista alemão, o povo não é o conteúdo do Estado, mas o objeto da dominação. O Estado fascista italiano é também um Estado autoritário. A forma autoritária do Estado corresponde à concepção latina do Estado, segundo a qual o Estado deve ser construído do alto, a fim de poder colocar em movimento, de maneira uniforme, todas as forças da Totalidade, em vista dos objetivos conferidos pelo poder central. O fascismo soube dar um caráter autêntico e um aspecto positivo a essa forma de Estado.

* Sublinhado no texto original.

Der Staatsaufbau des Deutschen Reiches in systematischer Darstellung (A Estrutura do Estado do Reich Alemão Apresentada de Forma Sistemática), de Dr. Wilhelm Stuckart, Staatssekretär im Reichsministerium des Innern, Dr. Harry von Rosen von Hoewel, Dr. Rolf Schriedmair, Leipzig: Verlag W. Kohlhammer, 1943, p. 20. (Wilhelm Stuckart é o autor das leis de Nurembergue e das ordens de aplicação que se seguiram. Estará presente à Conferência de Wansee de janeiro de 1942, quando será tomada a decisão da "solução final" exterminadora.)

ESTADO TOTALITÁRIO E DOUTRINA DO FASCISMO

Lo Stato, se è infatti autoritario, è altresi *totalitario**, cioè dotato di un *autorità* che si esplica non nella limitata sfera formatrice et tutrice del diritto, ma nella *totalitarietà* dei rapporti che si svolgono nel proprio ambito. [...] Si crea pertanto anche in Vico quella reciprocità unitaria tra Stato e popolo che Mussolini há interpretato conferando allo Stato lo spirito del popolo e al popolo lo corpo del Stato.

Se o Estado é efetivamente autoritário, é igualmente *totalitário**, isto é, dotado de uma *autoridade* que se desenvolve, não nos limites da esfera do direito e sob sua tutela formadora, mas na *totalitaridade* das relações desenvolvidas em sua própria esfera. [...] Contudo, em Vico, foi criada igualmente essa reciprocidade unitária entre o Estado e o povo que Mussolini interpretou, conferindo ao Estado o espírito do povo e ao povo o corpo do Estado.

* Sublinhado pelo autor.

Nino Tripodi, *Il Pensiero politico de Vico e la dottrina del fascismo*, Pádua: Cedam, 1941 (Collane di dottrina fascista, a cura della Scuola di Mistica fascista Sandro Italico Mussolini), p. 96.

A JUSTIÇA NO ESTADO TOTALITÁRIO

Con la fondazione dello *Stato totalitario*, la situazione è dal tutto mutata. A tale tipo di Stato è essenziale la nozione di *communità nazionale* e la coincidenza tra il concetto del popolo e il concetto di Stato. La struttura del governo, inteso quale complesso dellà publiche potestà, assume carattere gerarchico. Il sistema parlamentare è abolito, la legge non risposa più sul titolo della volontà generale, la plurità dei poteri no ha più ragione di essere.

Com a fundação do *Estado totalitário*, a situação foi completamente modificada. Essencial para esse tipo de Estado é a noção de *comunidade nacional* e a coincidência entre o conceito de povo e o conceito de Estado. A *estrutura do governo*, compreendido como esse *complexo de poder público*, assume um caráter hierárquico. O sistema parlamentar é abolido, *a lei não repousa mais sobre* a vontade geral, a pluralidade dos poderes não tem mais razão de ser.

Ora per la dottrina dello *Stato totalitario*, non solo non è ammissibile che il giudice sia estraneo all'azione del potere publico, ma nemmeno si può consentire che esso resti indifferente a1 risultato del fine. Il giudice deve concorrere all'effetto teleologico di tutta la potenza publica. Ciò significa che il carattere della funzione giuridizionale deve adeguarsi ne1 tipo dello *Stato totalitario* al carattere unitario dinamico e imperativo che assume in esso il potere publico.

Hoje, por efeito da doutrina do *Estado totalitário*, não somente não é mais admissível que o juiz seja estranho à ação do poder público, mas pode-se ainda menos consentir vê-lo indiferente ao resultado final. O juiz deve concorrer ao efeito teleológico de todo poder público. Isso significa que o caráter da função jurisdicional deve adaptar-se, nesse tipo de *Estado totalitário*, ao caráter unitário, dinâmico e imperativo que o poder público assume em si.

DOCUMENTOS DE LINGUAGEM

Commune alla concezione fascista e quella nazionalsocialista è il canone, che il giudice debba essere circoscritto all'interpretazione della legge per l'applicazione che di essa ocorre fare nei casi concreti. Avverte al riguardo la relazione tedesca che in ogni modo il giudice nello *Stato totalitario* deve intendersi legato alla concezione politica del regime, perchè in caso diverso egli non risulterebbe nemmemo legato dal diritto.

La relazione italiana [...] ha soggiunto che lo spiritto dell'ordinamento italiano è piuttosto nel senso di rafforzare i controlli giuridizionali sull'attività dell'amministrazione publica. Il principio di legalità può e deve raggiungere la più vasta attuazione nel quadro dello *Stato totalitario*.

Comum à concepção fascista e à concepção nacional-socialista é a seguinte regra canônica: o juiz deve estar circunscrito, na interpretação da lei, pela aplicação que ele deve fazer nos casos concretos. Notemos, em vista da versão alemã, que o juiz no *Estado totalitário* deve entender-se, de qualquer maneira, como ligado à concepção política do regime, porque este, em certos casos, não seria nem mesmo limitado pelo direito.

A versão italiana [...] acrescentou que o espírito da organização italiana vai mais no sentido dos controles jurisdicionais sobre a atividade da administração pública. O princípio da legalidade pode e deve obter sua realização mais ampla no quadro do *Estado totalitário*.

Carlo Costamagna, Il Giudice e la legge, em *Lo Stato*, abril 1939, p. 194, 196, 197, 199.

RAÇA E DIREITO

A chè sente la dignità di essere italiano deve pertanto apparire indispensabile reprimere con energia gli estremismi razziali. Essi sono risultati di un improvisazione pseudo-scientifica, o di un cattivo spirito di imitazione, tara più recente del carattere italiano. Se i Tedeschi reputano per essi conveniente afiissarsi come a modello etico ed estetico sul tipo dell *uomo nordico*, noi Italiani non possiamo rinunciare al titolo che ci proviene dalla descendenza di Roma.

È merito del fascismo quello di avere per il primo rievocato e riassunto, nel collasso della civiltà europea, posizione etico-organica delle scienze morali, e di avere definito per il primo il concetto *totalitario* dello Stato Popolo.

Para quem sente a dignidade de ser italiano, reprimir com energia os extremismos raciais deve, em consequência, parecer indispensável. Esses extremismos são o resultado de uma improvisação pseudocientífica ou de um certo espírito de imitação, que é a tara mais recente do caráter italiano. Se os alemães consideram que lhes é conveniente fixar-se como modelo ético e estético o tipo do *homem nórdico*, nós, italianos, não podemos renunciar ao que nos provém da descendência de Roma.

É mérito do fascismo ter sido o primeiro a evocar e assumir novamente, no desmoronamento da civilização europeia, a posição ético-orgânica das ciências morais e ter definido pela primeira vez o conceito *totalitário* do Estado-povo.

Carlo Costamagna, em *Lo Stato*, março 1939, p. 135.

Ogni popolo, quale unità di vita collettiva, deve risolvere anche il problema della sua individualità secondo i propri caratteri spirituali e razziali. Su questa base il fascismo e
il nazionalsocialismo rivendicano entrambi il diritto di deffendere e di perfezionare la civiltà europea.

L'ordinamento giuridico dello Stato totalitario pone come fini la integrità morale e materiale del proprio popolo nella successione della sue generazioni. [...] I valori nazionale devono essere difesi anche di fronte all'ebraismo, con l'assoluta e definitiva separazione degli elementi ebraici dalla communità nazionale, per impedire che l'ebraismo posse esercitare uma qualsiasi influenza sulla vita dei popoli.

I popoli italiano e tedesco oppongono alle ideologie universaliste e cosmopolite dall'ebraismo internazionale i principi categorici che risultano dalle legge di Norimbergo dal 15 sett. 1935 e dalle risoluzioni del Gran Consiglio del fascismo del 6 ottobre 1938 (xvi).

Todo povo, enquanto unidade de vida coletiva, deve igualmente resolver o problema de sua individualidade segundo seus próprios critérios espirituais e raciais. Baseados nisso, o fascismo e o nacional-socialismo reivindicam ambos o direito de defender e de aperfeiçoar a civilização europeia.

A ordem jurídica do *Estado totalitário* coloca como finalidades a integridade moral e material do próprio povo na sucessão de suas gerações. [...] Os valores nacionais devem ser defendidos também face ao hebraísmo, pela separação absoluta e definitiva dos elementos hebreus em relação à comunidade nacional, para impedir que o hebraísmo possa exercer qualquer influência na vida dos povos.

Os povos italiano e alemão opõem às ideologias universalistas e cosmopolitas do hebraísmo internacional os princípios categóricos que resultam das leis de Nuremberg de 15 de setembro de 1935, e as resoluções do Grande Conselho do fascismo de 6 de outubro de 1938, ano xvi [do fascismo].

Carlo Costamagna, *Razza e diritto*, no Convegno italo-tedesco di Vienna (*Raça e direito*, no Congresso ítalo-alemão de Viena).

O ESTADO POR EXCELÊNCIA
Liberalismo e Estado totalitário

D'altronde non è nemmeno esatto che lo *Stato totalitario* sia una reazione allo Stato liberale. Lo *Stato totalitario* è lo Stato per eccellenza, il vero Stato, oggi come sempre. Sarebbe assurdo pensare che si tratti di cosa transittoria.

Aliás, não é nem mesmo exato que o *Estado totalitário* seja uma reação ao Estado liberal. O *Estado totalitário* é o Estado por excelência, o Estado verdadeiro, hoje como sempre. Seria absurdo pensar que trata-se de algo transitório.

Carlo Costamagna, *Razza e diritto*, no Convegno italo-tedesco di Vienna (*Raça e direito*, no Congresso ítalo-alemão de Viena), p. 188.

O ESTADO TOTAL *VÖLKISCH*

Für das bürgerliche Zeitalter, das die begriffliche und wirkliche, Trennung des Volkes vom Staat gebracht, das Volk somit zum Willenlosen, handlungsunfähigen Wesen herabgedrückt hat, ist ferner bezeichnend, dass es den Staat zum Sozialorgan unter anderer Sozialorganen, zum Teilganzen unter andern gemacht hat. *Der totale Staat*, der wahre *Volksstaat** ist indessen *die völkische Ganzheit* selbst und unmittelbar, sofern sie aus dem blossen Sein zum Wollen, zum geschichtbildenden Handeln, zu Macht und zur Politik kommt. [...]

*Der Vollstaat** verlangt eine geschlossene geformte Schicht, die ihn trägt, auf der zuletzt seine politische Willens- und Machtbildung beruht. Eine solche Schicht kann nur entstehen auf geschichtlichem und revolutionärem Weg : die Gruppe die sich durchsetzt und mit sich den Vollstaat heraufführt sitzt sich selbst in den Vorrang, übernimmt mit erhöhter Pflicht auch die erhöhte Verantwortung, empfängt dafür politisches Vorrecht und erhöhten Rechtschutz.

Quanto ao século burguês que introduziu a separação do povo e do Estado no conceito e na realidade, que reduziu o povo a uma essência sem valor e incapaz de ação, é significativo igualmente que fez do Estado um órgão social entre outros, uma parte do Todo entre outras. O *Estado total,* o verdadeiro *Estado popular**, é a *Totalidade völkische* propriamente dita e imediata, pelo fato de que, a partir do ser simples, ela atinge o querer, a ação criadora da história, a poder e a política. [...]

O *Estado total** exige uma *camada social fechada* que o porte, sobre a qual, em última análise, repousa a formação de sua vontade e de seu poder. Uma tal camada só pode nascer por uma via revolucionária: *o grupo* que se impõe e que carrega consigo a ascensão ao Estado total coloca-se em primeiro lugar e, como dever mais elevado, assume igualmente a mais alta responsabilidade e para isso beneficia do privilégio político e de uma maior proteção do direito.

   *   Transposição völkische do totale Staat no qual Volk transcreve o termo latino total num léxico germânico puro.

Ernst Krieck, *Völkischer Gesamtsaat und nationale Erziehung* (Estado Total Völkisch e Educação Nacional), Heidelberg: 1933, p. 15-16.

DITADURA TOTAL

Nesse contexto, aparece que o socialismo é a pré-condição da organização autoritária mais dura e que o nacionalismo é a pressuposição de tarefas de ordem imperial. O *socialismo e o nacionalismo* como princípios gerais são, como se disse, ao mesmo tempo o que repete e o que prepara. [...] Os indivíduos e as comunidades... são ambos símbolos da Forma do operário e sua unidade interna mostra-se no fato de que a *vontade de ditadura total* reconhece-se na ordem nova como vontade de *mobilização total*. [...] A perfeição da técnica é um dos símbolos, e apenas um, daqueles que confirmam a formalização final. Destaca-se pela marca que imprime a *uma raça* cuja altura é inequívoca.

Ernst Jünger, *Der Abeiter*, Hamburgo: Hanseatische Verlagsanstalt, 1932, § 68-69, 12, 51 (*Werke*, Stuttgart: Ernst Klett Verlag, p. 263, 50, 190).

O CONCEITO

Appunto per questo e per affermare l'analogia che intercede tra lo Stato fascista et lo Stato nazional-socialista e quello che emerge dalle prove sanguinose della Falange spagnola vale la denominazione di *Stato totalitario*. [...I Apprezzabile è il concetto per cui lo Stato fascista sarebbe un tipo storico dello Stato totalitario, come altri tipi storici sarebero lo Stato nazional-sindicalista nella Spagna e lo Stato nazional-socialista in Germania.

Precisamente por isso e para afirmar a analogia que intervém entre o Estado fascista e o Estado nacional-socialista, e aquilo que emerge das provas sangrentas da Falange espanhola, a denominação de *Estado totalitário* é válida. [...] Apreciável é o conceito segundo o qual o Estado fascista seria um *tipo histórico* do Estado totalitário, da mesma forma que o *Estado nacional-sindicalista* na Espanha e o *Estado nacional-socialista* na Alemanha seriam outros tipos históricos.

Carlo Costamagna, *Dottrina del fascismo*, Turim: 1940, p. 161.

FILOSOFIA DO NACIONAL-SOCIALISMO, FILÓSOFOS COMPETENTES

26 de fevereiro de 1934: carta de W. Gross* (União Nacional-socialista Alemã dos Médicos) a Von Trotha, pedindo que chame a atenção de Rosenberg para as consequências perigosas da qualificação corrente de Heidegger como *filósofo do nacional-socialismo*, qualificação que lhe vale ser previsto para a função de diretor da Academia Prussiana dos Professores (Prussische Dozenten Akademie), enquanto filósofos competentes, em particular Jaentsch e Krieck, negam a Heidegger o espírito nacional-socialista.

* Walter Gross é o chefe do Cabinete de política racial do Partido nazista, NSDAP.

J. Billig, *Alfred Rosenberg dans l'action idéologique, politique et administrative du Reich hitlérien* (Alfred Rosenberg na Ação Ideológica, Política e Administrativa do Reich Hitlerista). Inventário comentado da coleção de documentos conservados no CDJC, proveniente dos arquivos do Reichsleiter e ministro A. Rosenberg (*Inventaires des archives du Centre de Documentation juive contemporaine* [Inventários dos arquivos do Centro de Documentação Judaica Contemporânea], Paris: Éditions du Centre, 1963, n. 330, p. 118).

Parte III

Para uma Narrática Geral

Ao desejar justificar atos considerados até então como condenáveis, mudar-se-á o sentido ordinário das palavras.

TUCÍDIDES

Uma doutrina, cientificamente fundada, do conteúdo semântico das formas linguísticas, incluindo as palavras, não é apenas de interesse teórico, mas é também, de maneira direta, de grande importância para o futuro da Humanidade.

HJELMSLEV

A arquitetura feita com narrações é o super-relato.

KHLÉBNIKOV

Quem não teme ser crivado de golpes de espada ousa desmontar o imperador.

MAO TSÉ TUNG

História é o termo de Heródoto que perdurou. É aquilo que conta aquele que sabe: o *histor* (grego) é o *gnarus* ou o *narus* (latim). Ιδεα, εῖδου, οἶδα, ἴστωρ, ἰστορίη: série de termos significando a visão do pensamento vendo e sabendo, ou a *ideia. Gnosco, gnarus, narus, narrator, narratio*: outra série significante designando a tensão *cognitiva* que é conhecimento e narração. Desde os primeiros passos do pensamento e da linguagem – mas, curiosamente, isso parece ter passado despercebido – a crítica da razão histórica ou historiadora descobre-se como crítica da razão narrativa, ou antes: crítica da *economia* de narração.

E isto igualmente permaneceu em parte despercebido: que o subtítulo dado por Marx ao *Capital* seja a retomada, irônica e marcada, dos grandes títulos kantianos. Assim, o título verdadeiro do trabalho – pelo qual o materialismo histórico ou, mais exatamente nos termos de Marx, a concepção materialista da História foi efetivamente constituída e que nos fornece a chave da ironia marxista – anuncia uma crítica: a crítica de toda concepção da História funcionando de maneira racional ou como razão.

O que está em jogo agora é que a crítica da prática histórica ou historiadora e de sua razão passe por uma crítica da narração e de sua possibilidade. Mas essa crítica é a introdução ou antes, a abertura aos poderes transformadores das linguagens e do pensamento que habitam o homem corporal.

1. Poética e Narrática

Muito curiosamente, a consciência das questões próprias a uma crítica da narratividade começou numa região aparentemente distante do campo no qual desenvolve-se habitualmente a problemática da história. É no interior da antiga *poética aristotélica* que aparecem os pródromos de uma *narrática* – e esse trabalho precursor foi retomado ao se tirarem as consequências da nova linguística, constituída em ciência rigorosa, seguindo o caminho aberto pelos formalistas russos, de sua Sociedade para o Estudo da Linguagem Poética e dos trabalhos publicados por eles em *Poetika*. Mas suas implicações não poderão ser claramente distinguidas num quadro que se quereria limitado aos domínios designados atualmente pelo termo saussuriano de *semiologia*. Essas implicações só aparecem com toda a intensidade de seu paradoxo nos confins improváveis entre uma *poética da língua* e uma *crítica da economia política* – se quisermos delimitar ao máximo as bordas opostas dessa articulação. Entendemos por isso, de uma parte, a análise das *formas de linguagem* que tenta captar seus procedimentos de produção e de transmissão e que se aplica, para além das unidades linguísticas, a enunciados inteiros – e de outra, a crítica das *formas sociais de produção* e de troca.

INTRODUÇÃO ÀS LINGUAGENS TOTALITÁRIAS

Entre esses dois domínios, o único plano comum é a narração. Pois esta é a própria linguagem, ao menos a linguagem em ato e *contando* seu objeto. E ela é a própria história, porque não há história *sem* as formas de sua narração. Nesse plano, coincidem a obsessão histórica e a atenção linguística do mundo: a narração é a linguagem somada à história.

Porém, mais precisa e ativa é a *articulação*. Porque o que convencionou-se chamar a *história* – a história em ato – é tecido por sua própria narração. Trama que se descobre nos documentos mais ingênuos. O que é o 9 termidor? Após a confrontação das linguagens à tribuna e o decreto contra Robespierre e sua detenção: "Então, a sessão foi retomada. *Consagrou-se seu começo ao relato* dos diversos eventos que acabamos de narrar".

O que acontece ainda? Collot d'Herbois vem adverti-lo: "*Homens armados* acabavam de ocupar o Comitê de Segurança Geral. Henriot, colocado em liberdade, pregava a revolta. A Assembleia estava rodeada por uma força inimiga". O que fazem os atores presentes? Vão buscar imediatamente as armas para afrontar fisicamente o perigo?

[A Convenção] declarou fora da lei Henriot, a comuna e os deputados rebeldes, nomeou Barras, um de seus membros, chefe da força armada […] e adotou uma mensagem de Barère ao povo francês, na qual estavam retraçados os eventos do dia e a nova luta que acabava de começar[1].

Na place de Grève, o que faz o exército?

Às duas horas da madrugada, o exército convencional, disposto em duas colunas, dirigiu-se contra os revoltados. Uma investiu a casa da comuna, a outra *proclamou na place de Grève* o decreto que colocava fora da lei os conjurados. Os artilheiros retiraram-se, a multidão armada que ocupava a praça, vendo essa deserção, hesitou.

O dia mais decisivo da Revolução francesa é essa estratégia de relatos imediatos.

---

1 Achille Roche, *Histoire de la Révolution française* [*História da Revolução francesa*], Paris: Raymond (editor da Biblioteca do XIX siècle), 1825, p. 260. Esse livro ingênuo refere-se ainda às narrações indiretas transmitidas ao autor oralmente.

É necessário precisar ainda que a ação do relato, em tal exemplo, passa por um conceito decisivo, o da soberania do povo: é ela que confere sua eficácia à mensagem de Barère e à proclamação na place de Grève. Mas o que é um conceito ou uma *ideia* senão – nos termos spinozistas – um relato *da natureza*, por assim dizer, abreviado? Abreviação da narração histórica e proto-histórica pela qual Jean-Jacques dava a conhecer as fórmulas do *Contrato Social* ou do *Discurso Sobre a Desigualdade dos Homens*. Os dois ou três relatos estrategicamente eficazes do 9 termidor – o relato do começo da sessão, o da mensagem de Barère, o da proclamação na place de Grève – carregam assim consigo diversos *graus* ou potências da narratividade. Carregam consigo os relatos abstratos de Rousseau e Mably.

Cada um dos graus recolhendo e carregando assim consigo a extensão de suas transmissões anteriores, ou seja, a proclamação feita na place de Grève em 9 termidor guarda em si, não apenas a grande narrativa rousseaunista, mas também o momento do ano de 1789 no qual a Assembleia *constituinte* assumia e retransmitia tal narrativa, para ter, em 17 de junho, "duramente arvorado um nome novo, poderoso por sua significação" (Guizot). É essa acumulação de potências narrativas que faz dela um relato *ideológico*.

NARRAÇÃO IDEOLÓGICA, BASE REAL

É preciso retomar ainda uma vez em sua *origem* esse termo. Um de seus primeiros empregos na função de *adjetivo* é talvez essa carta de Stendhal para sua irmã: "Gaëtan compreende essa carta? Faça-o copiar a parte ideológica" (7 de fevereiro de 1806). E imediatamente antes: "Você leu a *ideologia*? Pode pular a gramática [...] e ler imediatamente a Lógica [...] Você vai ver aí como nossos julgamentos são apenas o enunciado de uma circunstância percebida numa lembrança: esse café da Mme Ducros estava quente demais".

A ideologia, no sentido de Tracy e de Beyle, começa por essa "ciência das ideias" (carta de 14 de fevereiro de 1805), bem como "a ciência do homem" (29 de outubro 1804), ou mais exatamente, "sobre a fronteira da ciência" (31 de dezembro de 1804). Eis "aí a

114 INTRODUÇÃO ÀS LINGUAGENS TOTALITÁRIAS

ideia de ser demasiado quente percebida na lembrança do café". A captação de um relato no ato de *relatar* – no gesto que as línguas italiana e espanhola denominam *referto* ou *referente* – é o que ocorre pelo "enunciado de uma circunstância percebida numa lembrança". O adjetivo *ideológico* recebe suas primeiras acepções em relação com essa ordem do enunciado narrativo[2] primeiro.

A conotação do desprezo napoleônico transforma, como sabemos, a cunhagem do termo – para conduzi-lo ao sentido que lhe dá então o marxismo a partir da *Ideologia alemã* e assim, em 1791, o discurso de Barnave, de 15 de julho, pronunciado após a fuga do rei, já esboça as implicações nos termos nus do interesse burguês. Tratava-se de defender o rei trazido de Varennes e o papel que a constituição acabava de prever para ele. Barnave prediz, caso não se adote o projeto, a iminência de uma nova revolução, porque: "Não são as ideias metafísicas que levam as massas à revolução, mas os interesses reais".

O discurso de Barnave apoia-se sobre esta narração:

A noite de 4 de agosto deu-nos mais braços do que todos os decretos constitucionais. Pensam vocês que ainda nos resta uma sessão semelhante a fazer, a menos que se ofereça como presa ao povo, num novo 4 de agosto, a propriedade, a única desigualdade que nos resta destruir?

Esse relato que não poderia ser mais *ideológico* – nos dois sentidos do termo, no sentido marxista e no sentido stendhaliano – comanda este evento: a adoção da primeira constituição europeia, a fundação jurídica do Estado burguês. Ao mesmo tempo enuncia, com clareza e por antecipação, a concepção materialista da história – mas com toda a ingenuidade da apercepção *burguesa*, como ideologia.

Que o materialismo histórico seja essa reviravolta, conscientemente irônica, da própria ideologia burguesa, é bem visível: inverter o idealismo da dialética hegeliana por meio da ideologia burguesa e subverter a ideologia burguesa pelo movimento da dialética, tal é o projeto de Marx. Porém, que o conjunto desse processo, ao mesmo tempo real e pensado, coloque

---

2 Ou *constativo*. "O relato *conster: constat* é [...] paralelo a *resultar: resultado*' (J. L. Austin, *Quand dire c'est faire*, notas do tradutor, p. 170).

POÉTICA E NARRÁTICA

a nu os paradoxos constitutivos da história, é o que pode aparecer de maneira evidente se estivermos atentos à operação que está em jogo, em especial, no discurso de Barnave.

Esse discurso, com efeito, é um relato da história em curso, narra de passagem a noite de 4 de agosto, conta o debate político que seguiu-se à fuga e o retorno do rei e suas implicações. Porém, a relação que percebe – *ideo-logia* no sentido stendhaliano – coloca-nos fora da narração e de sua visão ou *ideias*. Porque "não são as ideias que arrastam as massas e fazem a história, mas sim os interesses reais": descentramento que designa claramente esse relato como ideológico, no sentido marxista do termo. Assim descobrimos um processo de vários níveis – o das *ideias* tão somente recobrindo o nível mais profundo que o determina ou *arrasta* efetivamente: o dos *interesses reais*. O nível narrativo e ideológico é apenas a superfície ou a aparência do que é produzido num nível mais profundo ou mais *real*. Mas ao mesmo tempo é seu envelope, contém esse último, já que o descobre e enuncia. Além do mais, *produz* um efeito sobre o próprio plano que acaba de desvendar: porque ao revelar à Assembleia nacional os *interesses reais* de sua maioria, leva essa última a votar o projeto de decreto preparado pelo relatório dos comitês. A narração produz a promulgação da constituição, a eleição do Legislativo, um ano de história efetiva e os efeitos que se seguirão. Dois dias após o discurso de Barnave e o voto do decreto, a bandeira vermelha da lei marcial[3] fora hasteada na prefeitura e *levada* ao Campo de Marte, contra os que reclamavam a deposição do rei: a essa bandeira vermelha da monarquia constitucional e da ideologia burguesa – recebida por uma chuva de pedras – responderá, em julho do ano seguinte, mas marcada por um sentido *inverso*, a bandeira vermelha da insurreição e da soberania popular[4], oposta à tirania. O *signo* revolucionário

---

3 "A municipalidade [...] havia decretado a lei marcial e içado a bandeira vermelha na praça da prefeitura. Os enviados dos peticionários asseguraram-se por si mesmos que o sinal estivesse hasteado". Op. cit., p. 130.

4 "Em 25 de julho [1792], um banquete cívico foi oferecido aos federados no lugar das ruinas da Bastille e na mesma noite, de 25 para 26, um diretório da insurreição reúne-se no Soleil d'or, pequeno cabaré vizinho. [...] Fournier traz uma bandeira vermelha com esta inscrição ditada por Carra: *Lei marcial do povo soberano contra a rebelião do poder* executivo". J. Michelet, *Histoire de la Révolution*, livro VI, cap. IX.

116 INTRODUÇÃO ÀS LINGUAGENS TOTALITÁRIAS

mais cheio de sentido da história vindoura, o da Comuna de Paris, do Outubro russo e da Longa Marcha, vem-se nutrir na fonte do relato ideológico. A tal ponto que, procedendo da revolução burguesa, engendra a revolução popular.

A narração é essa função *fundamental* e como que primitiva *da linguagem* que, carregada pela base material das sociedades, não apenas toca a história mas efetivamente a *engendra*.

A história é a narração que se sabe. Mas já o *narrator*, o *narus* é conhecedor e sua prática é a que constitui o conhecimento em seu movimento primeiro: seu *relatar* é o que torna possível todo relato. É *historiador* quem quer entrar de maneira consequente nessa narração *primitiva*, ou seja, é aquele que, *desejando saber* – έθελων είδεναι –, quer contar tudo de novo. Àquele que interroga – "a mim que me informava", nota Heródoto, μοι ίστορεουτι (*Historia*, ii, 113) –, o primeiro narrador responde contando. Mas esse primeiro narrador é ele mesmo levado a relatar um narrador primitivo. A Heródoto *historiando* – ίστορεων –, os sacerdotes do Egito contam a aventura de Helena e de Alexandre desembarcando em solo egípcio e cujos escravos, refugiados no santuário do deus, acusam Alexandre "com a intenção de prejudicá-lo contando toda a história": efetuando suas acusações diante de testemunhas que, por sua vez, vão tudo contar ao rei Proteu. Que o ouvinte fundamental, convocado a receber os graus superpostos da narração primitiva, tenha na primeira das *Histórias* tomado um tal nome – Proteu[5] – é justamente a ironia desse processo. Curiosamente, mas de maneira característica, essa superposição ou essa cascata de narrações é revelada com clareza num desses contos egípcios, espalhados no livro ii das *Histórias* de Heródoto, assim, é numa ficção narrativa que a produção da ação pelo relato é, como momento central, assim desnudada. A história da idade clássica – e pode-se afirmar que ela mal saiu dessa época – caracteriza-se por apagar, sob o relato *verdadeiro* do *historiante*, a trama permanente e atuante da narração primitiva.

---

5 "Que troca continuamente de forma". *Dictionnaire universel de la langue française*, Paris, H. Verdière, 1823.

NARRAÇÃO PRIMITIVA, RELATO *VERDADEIRO*

O relato historiante encontra sua *verdade* na coincidência de duas ou mais variantes narrativas de fontes distintas. É *verdadeiro* para nós que Senaqueribe, invadindo o Egito, teve que bater em retirada, pois encontramos o relato feito diretamente em Heródoto (ii, 141), no segundo livro dos Reis (xix, 35-36) e nos traços inscritos sobre a pedra do Egito, trazendo além do mais uma série de terceiras versões. Com efeito, a coincidência das variantes faz aparecer um relato unificado, verdadeiro retrato-falado obtido pela superposição dos traços. O decalque desse relato só se torna visível às custas do apagamento das versões. O Sanacaribo do livro ii de Heródoto e o Senaqueribe do segundo livro dos Reis tendem a desaparecer um no outro e a fundirem-se no faraó das inscrições, dos *monumentos* ou *mnémosyma*.

No entanto, é completamente diferente a relação entre o relato historiador ou historiante e a narração primitiva que o torna possível, não como simples documento a ser usado para apagar (senão como *referência*) na versão final, mas como a trama múltipla pela qual a sequência real do *evento* engendrou-se. Ao obliterar essa trama *de narrações geradoras* sob o texto terminal do *relato historiante*, a idade clássica da história – de Tucídides a Thierry e sucessores – repousa sobre a omissão desse processo fundamental e o que o engendra e articula. Omissão tanto mais pesada, na medida em que esse processo se trama de uma maneira sempre mais carregada de sentidos: é própria da modernidade essa força, cada vez mais perigosa, do engendramento narrativo. No relato de Heródoto, a narração ativa, acusadora, dos suplicantes chega até o único ouvinte, ao ouvinte real, tendo por nome Proteu. A sessão de 9 termidor começa por três relatos, de Saint-Just, de Tallien, de Billaud: "Alguns membros do governo abandonaram o caminho da sabedoria" – "Ontem, um membro do governo pronunciou um discurso em seu nome particular" – "Ontem, assisti à sessão dos jacobinos". Na retomada da sessão, "consagrou-se o início ao relato". Aqui, o ouvinte múltiplo e proteiforme que recebe de todas as partes a narração ativa e a inscreve de imediato no evento ("a Convenção, *informada* da rebelião da Comuna, convoca-a ao seu tribunal"), é ainda reunido no mesmo lugar onde cada

118   INTRODUÇÃO ÀS LINGUAGENS TOTALITÁRIAS

recitante é imediatamente escutado. A época que se abre com o despacho bismarckiano e a Comuna de Paris é aquela em que a *Erzählung* se transmite e se repercute imediatamente em todos os lugares e, dirá Jünger, de maneira planetária. A República alemã será, entre as duas guerras mundiais, esse lugar fechado mas permeável, atravessado pelas grandes polaridades do Ocidente e do Oriente, onde o *processo da produção e da circulação* dos relatos ideológicos acelera-se e generaliza-se e age temivelmente sobre sua *base real*.

As diversas variantes do relato histórico abolem-se mutuamente no estabelecimento do fato a ser narrado: há apenas uma única retirada de Senaqueribe, uma só detenção de Robespierre. Quem atirou em Robespierre? Quem ateou fogo ao Reichstag? Onde múltiplas variantes coexistem para responder à mesma questão, há evidentemente apenas uma que possa entrar no relato *verdadeiro*[6]. Mas a situação não é a mesma para as diferentes versões da narração primitiva: elas agem todas concorrentemente. É por isso que Saint-Just narra que "membros do governo abandonaram o caminho da sabedoria", que Tallien pode interrompê-lo, para narrar o fato que "ontem, um membro do governo pronunciou um discurso em seu nome particular".

Ao longo de toda a sessão, a dupla narração prossegue. Ao longo da primavera alemã de 1934, prossegue o relato segundo o qual a Alemanha engajara-se numa *revolução conservadora* e o outro, que descreve os pródromos de uma *segunda revolução*. Mas o que finalmente ocorre, a *revolução fria*, a *nationale Revolution*, como declara Frick, não anula as duas narrações: o que foi feito pela morte foi *produzido* pela tensão e transformações das duas versões narrativas, opostas como num arco tenso, bruscamente suspendidas. Nesse nível do processo fundamental, para entrar no relato-historiador como sua ação, nunca há apagamento de versões, mas apenas sua suspensão no que se faz fora de seu texto narrativo, fora da linguagem.

O processo fundamental da história desenvolve-se em vários níveis ao mesmo tempo. Ele é a cadeia das linguagens e de suas

---

6   O Reichstag foi incendiado por Van der Lubbe e "os comunistas" (tese dos nazistas); por Van der Lubbe sozinho (tese de Fritz Tobias); pelos membros da SA (tese de W. Münzenberg, de Gisevius, conclusões da Comissão de 1970) – as três hipóteses não podendo ser verdadeiras ao mesmo tempo.

POÉTICA E NARRÁTICA   119

ideias e, ao mesmo tempo, para retomar os termos de Barnave, a
sequência dos interesses *reais*. É o discurso político da República
alemã e é a Grande Depressão. Discurso político que carrega
consigo diversos graus de linguagem, inclusive o *estilo* de Jünger
ou o de Spengler, no qual sua narração geral é recolhida. Pode-se
perguntar: depressão econômica que resume e amplifica os con-
tragolpes de muitas décadas de desenvolvimento tecnológico e
seus movimentos de longa duração? A onda da segunda revolução industrial, a da eletrificação e do automóvel teria produzido as grandes oscilações dos anos de 1920 e a recaída brusca de
1929[7]? Num dos níveis: estilos e estéticas – no outro: a montagem
material. Mas a própria relação dos níveis é anunciada ou denun-
ciada no *envelope narrativo* do qual o discurso de Barnave foi o
prelúdio ou a primeira proposição. Esta, antes mesmo que o relato historiante dela tome posse, já começara a produzir o processo da história, funda a constituição burguesa, arvora o signo de
sua bandeira vermelha (antes de vê-lo tornado signo invertido);
à Constituinte francesa sucede a monarquia de julho girondina,
como à Constituinte alemã sucederá Weimar. Nas duas extremidades da cadeia e envolvendo os níveis superpostos e conexos, ou enovelados, da história em ato: por um lado a trama das
narrações primitivas ou imediatas, articulando e produzindo o
processo fundamental; de outro, o relato historiante, que reduz a
uma só as diversas variantes do mesmo fato, mas que é doravante
chamado a desenhar as *versões* diferentes do relato ideológico e a
inscrever sua combinatória e seus efeitos multilaterais.

   Porque a verdade da história consistiria em levar, ao mesmo tempo e contraditoriamente em aparência, a uma só as
variantes do mesmo *fato*, mas também em retraçar, em seu
conjunto, as múltiplas versões da narração primitiva como
portadora de *efeitos*.

   Também podemos observar, frequentemente, as variantes
do relato historiador apenas prolongarem, respectivamente, as
diversas versões do relato ideológico. No segundo pós-guerra
alemão, o relato de H. J. Schwierskott, aluno e amigo de H. J.
Schoeps, o *jungkonservative*, apenas retoma, invertendo-a, a

---

7   Ver os trabalhos de Spiethoff e de Woytinsky na Alemanha, de Kondratieff na
    URSS e de Schumpeter nos Estados Unidos. Cf. *Langages totalitaires*, livro II,
    parte IV.

120 INTRODUÇÃO ÀS LINGUAGENS TOTALITÁRIAS

narração jovem-conservadora. O de O. E. Schüddekopf, discípulo de Hielscher, fará o mesmo para a narração *nacional-revolucionária*, a das "gentes de esquerda da direita".

NARRAÇÃO E FICÇÃO

Em sua tentativa para reconstituir toda a história do Egito desde Min até Cambises, o primeiro dos relatos de historiador ou de historiante obteve um duplo e paradoxal resultado. O Livro II das *Histórias* traz efetivamente até nós os mais antigos nomes da história humana, aliás *verificáveis*, em outras variantes: o Min de Heródoto é confirmado pelo Menés de Maneton, em língua grega ou pelo Mena ou Mina, em língua egípcia das inscrições; ao seu Quéops responde o Cufon dos relatos egípcios, como a Quéfren, Cafra. Porém, ao mesmo tempo, o Livro II dessa primeira *História* é a primeira coletânea de contos populares comparável à de Afanassiev, em língua russa, que constituía o *corpus* no qual Propp encontrou o material necessário à primeira análise estrutural do relato. A história de Féros, o conto do exímio ladrão de tesouros de Rampsinite ou a vingança de Nitócris pertencem ao inventário mundial dos contos populares, da mesma forma e no mesmo nível que as coletâneas de G. Maspéro. No primeiro ἱστορεων, *desejando saber* em primeira mão e informando-se *in loco*, no santuário de Ptá (Ftá ou Ptah), em Mênfis, em Sais (Sa el-Hagar), Bubastis ou Buto, a narração oral respondeu, ironicamente, por ficções. Ironia tanto mais marcada aos nossos olhos que nessa data arquivos e documentos já existem, precisamente, nos santuários egípcios e encontram-se agora à disposição dos historiadores. Que o historiante inicial, tendo-se aventurado na narração, nela tenha encontrado a ficção, não é um acidente fortuito: isso faz parte do processo fundamental. As *fontes* de Heródoto são fictícias, a despeito de sua vontade historiadora de ir-*se informando*, porque a ficção pertence ao processo primitivo da narração se fazendo.

E aqui intervém um novo paradoxo: é a narração fictícia e tão somente ela, até o presente, que pode constituir o objeto de uma análise estrutural formalizada. Apenas ela, que é ficção ou pilhéria, é suscetível de ciência rigorosa e de formalização. Enquanto a narração *verdadeira*, cujo objeto é *real*, só depende de um discurso literário condenado a mover-se na língua natural do relato.

Justamente em razão desse novo paradoxo, nosso objetivo não pode ser o de ensaiar uma *análise estrutural* do relato histórico. Trata-se, pelo contrário, de tentar distinguir esse ponto em que as estruturas narrativas – fictícias ou não – *engendram* um processo e, por suas *transformações*, têm um efeito sobre um outro terreno: o da própria ação e de seus *interesses reais*.

Mas, claro, as transformações combinadas[8] do discurso *não são* a ação. A combinação da narração de Saint-Just e de Tallien e a série inteira dos discursos sucessivos não prendem Robespierre, quem o faz são os oficiais de justiça. Não é o desenvolvimento simultâneo do discurso de Jung-von Papen e das declarações de Röhm que mata Edgar Jung e Röhm ao mesmo tempo: são as armas das ss. Porém, lá como aqui, um campo de linguagem constitui-se desembocando na *aceitabilidade* das decisões. O que interessa explorar é a constituição desses campos e a função narrativa do discurso, o que os esclarece e explora imediatamente. Aqui a teoria do conhecimento pode diretamente, pela primeira vez, basear-se num material ao mesmo tempo ambíguo e consistente, a fim de construir uma experimentação.

Porque a prática do conhecimento humano tem seu lugar inicial nisto: o homem é o animal que enuncia o que faz – que conhece o que narra. E a sucessão de linguagens que se desenvolve ao fazê-lo não é um simples material, mas produz um campo que esclarece aquilo precisamente que emitiu. A República de Weimar desdobra todo um campo de relatos ideológicos a seu próprio respeito e o campo, que se desloca com ela mesma no tempo, aclara-a perigosamente e vem modificar o que é seu emissor e seu alvo.

A esse respeito, a República alemã de Weimar constitui um campo de experimentação privilegiado. Sua duração mantém-se dentro de limites bem marcados que quase coincidem, entre duas crises decenais, com um período econômico. Seu lugar ideológico é definido entre a insurreição spartakista, trazendo com ela tudo o que se diz então da Revolução russa, e a Assembleia constituinte, que recolhe o que foi enunciado

---

8 Roman Jakobson, em *Change* 2, a respeito do verso regular chinês.

122 INTRODUÇÃO ÀS LINGUAGENS TOTALITÁRIAS

sobre as Constituintes francesas e o Parlamento de Frankfurt: recolhe toda a narração ideológica europeia ao redor de si. Esse campo de linguagem toca, de um lado, o terreno da conjuntura econômica mundial; de outro, os enunciados mais marcados literária ou esteticamente – Wagner, George, Spengler, Jünger – na língua da ideologia. Assim clivado em camadas movediças, engloba-os contudo num só processo: porque a linguagem conta ao mesmo tempo que, por exemplo, o *Arminius* de Jünger é o porta-voz do Wiking Bund e que as perícias econômicas relatam, segundo seus diferentes pontos de vista, o desenvolvimento da Grande Depressão.

Assim, ao redor da breve experiência Schleicher, observa-se num certo momento superporem-se, no mesmo polo, o relato ideológico cotidiano de Zehrer, a epopeia doutrinária do nacional-bolchevismo jungeriano e os relatos de Lautenbach e seu grupo de especialistas no ministério da Economia. No polo oposto do campo de linguagem, no Movimento nacional da extrema direita alemã, Von Papen apodera-se no *Der Ring* da narração jovem-conservadora para efetuar sua entrada no Clube dos Senhores. No mesmo momento, a circulação dos enunciados econômicos, os relatos e as prestações de contas[9], produz uma transformação da prática e da experiência efetiva que escapa totalmente às intenções dos atores principais. Entre os grupos Woytinsky, Gereke-Lautenbach, e Dräger – que correspondem respectivamente ao Partido Socialdemocrata, na zona *esquerda da direita*, e à ala Strasser do Partido nazista –, a circulação dos enunciados tornará enfim *aceitável* algo tão contrário aos princípios mais explícitos de Schacht quanto o será, na primeira primavera do Terceiro Reich, o programa Reinhardt. Aceitável: no interior mesmo do *Relato de Uma Prestação de Contas*[10] do próprio Vögler, o homem cuja linguagem modera o que é então inaceitável para os detentores do capital na grande indústria e para os hóspedes habituais do Clube dos Senhores.

---

9 "*Compte* [Conta], s. m. [...] Número, cálculo, [...] relato do que se viu, fez ou escutou (dar conta de um evento de um combate, de uma conversação, de sua condução)". *Dictionnaire universel de la langue française*, 1823.

10 *Bericht über ein Referat*, em *Schreiben des Treuhändlers für Arbeit für das Wirtschaftsgebiel Westflaen*, 14 de outubro de 1933.

POÉTICA E NARRÁTICA 123

Tais são as superposições do discurso na zona das *gentes de esquerda da* direita: epopeia doutrinária de Jünger (à qual Heidegger vai se referir diversas vezes), narrações ideológicas de Zehrer, relatórios ou relatos de Lautenbach nos quadros do plano Gereke. Como tratar essa ordem de conjuntos em níveis diversos que se desenvolvem engendrando a história, por múltiplos sentidos concomitantes?

O paradoxo que encontramos é bem o seguinte: quanto mais fabulosos, mais irreais, mais *imaginários* são os discursos narrativos, mais eles têm chance de cair no âmbito de uma análise facilmente formalizável (ou *estrutural*). Assim é em relação ao polo mais marcado pelos traços do racismo *völkisch*: seria possível aplicar estritamente ao *Parsifal* de Wagner, a certas sequências da *Ostara* de Lanz von Liebenfels, ao *Lorenzaccio* de Dietrich Eckart, os métodos desenvolvidos a propósito da morfologia dos *contos maravilhosos*. Entretanto, por mais *maravilhosos* que sejam os relatos *völkische* de Wagner, Lanz, Eckart, não é tal análise estrutural que fará ressaltar sua temível *Wirkung* (consequência, resultado), no espaço histórico e no terreno dos interesses reais, porém um recorte estritamente *textual* deixará escapar o que já começa a *ocorrer* no tecido dessas fábulas.

PROSÓDIA DO RELATO

Porém, aquilo que é engendrado através do desenvolvimento fabulatório das narrações *völkische* não é perceptível em nenhuma delas. Não é pela cadeia narrativa, mas sim pelo campo, que alguma coisa se desenvolve, sabendo-se que aquilo que constitui o campo realiza-se por uma série descontínua de *posições*.

Por sua vez, as posições no campo não são percebidas fora do campo mais amplo que o engloba, no conjunto da *Nationale Bewegung*. É tentador avançar aqui a hipótese de uma estrutura profunda – *geradora* – comparável àquela que a teoria de Halle e Keyser[11] revela na métrica (acentual) no terreno da linguagem poética. Entretanto aqui, a estrutura profunda da linguagem

---

11 Morris Halle e Samuel J. Keyser, *Chaucer and the study of prosody*, 1966. Cf . *Change 6*, p. 16, 4.3.3.

questionada *não se limitaria a uma prosódia linear*: ela responderia antes aos modelos das *prosódias do deslocamento*, nas quais eventualmente as formas fixas jogam apenas um papel de *referência ou de marca*. No modelo de Halle-Keyser, a estrutura profunda da métrica (iâmbica, por exemplo) é realizada pela sucessão discreta das *posições*; a estrutura de superfície é tão somente o próprio verso, obtido por uma sequência de *transformações* da estrutura profunda. Na linguagem que nos preocupa, a estrutura profunda realizar-se-ia por um campo inteiro de séries de posições, a estrutura de superfície seria a partitura completa dos discursos, contemporâneos uns dos outros, que tornam *enunciável* uma certa decisão temível ou combinação de decisões.

A métrica geradora do modelo de Halle e Keyser poderia assim corresponder à hipótese de uma narrática geradora: seria o caráter *prosódico* dos cortes e dos acentos marcando as séries de posições que realizaria sua estrutura profunda.

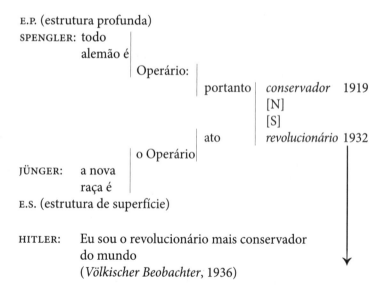

E.P. (estrutura profunda)
SPENGLER: todo alemão é
        Operário:
                portanto   *conservador* 1919
                [N]
                [S]
                ato   *revolucionário* 1932
        o Operário
JÜNGER: a nova raça é
E.S. (estrutura de superfície)

HITLER: Eu sou o revolucionário mais conservador do mundo
           (*Völkischer Beobachter*, 1936)

Tal perspectiva de método realizaria rigorosamente o projeto indicado, desde sua primeira proposição, por Tucídides, o ateniense, e expresso num verbo habitualmente traduzido em francês pela palavra *raconter* (contar): o *syngraphein* – a *sybn-graphie*. A tentativa de uma história singráfica passa por uma epistemologia do relato e por uma nova prática narrativa.

SOCIOLOGIA E SEMÂNTICA

Assim uma *sociologia das linguagens* ideológicas como disciplina empírica poderia desembocar numa *semântica da história* como disciplina teórica a ser constituída[12]. Numa perspectiva geradora e transformadora, seria possível explorar a produção dos campos de enunciados onde as séries iriam convergir para um corte de uma decisão ou de uma ação: *corte revolucionário* – ou contrarrevolucionário, isto é, nos dois casos em que os investimentos da linguagem na ação são maciços e longos para, no entanto, se concentrar numa decisão relativamente curta e precipitada.

Sociologia e semântica: ambas reunidas, apenas fazendo parte de uma *crítica da economia geral da linguagem e da ação*, da produção em geral e da produção da linguagem como caso, simultaneamente, particular e fundador.

Essa crítica viria também definir os prolegômenos ou uma contribuição a toda revolução possível.

Porque essa exploração em dois (ou três) níveis (já que os momentos *sociológico* e *semântico* seriam o prelúdio à tarefa propriamente *crítica*) poderia desenvolver-se em territórios outros que o da contrarrevolução alemã dos anos de 1930.

Seria um sonho vê-la às voltas com o campo do Outubro russo. Trabalho que só seria possível se os arquivos completos das semanas de Petrogrado pudessem ser *constituídos*: suporiam a reunião de todas as cartas e notas, de todas as mensagens, sem distinção, emitidas *pelos atores principais* do Soviete de Petrogrado e os animadores de seus diferentes partidos – e do registro estenográfico ou outro de todos os discursos pronunciados, de todas as improvisações verbais. Dessa imensa circulação de enunciados, de sua trama narrativa envolvendo, a cada momento, a ação e o evento *real*, observaríamos surgir os cortes dos pontos de decisão enunciáveis. A grande roda em movimento dos relatos ideológicos próprios aos

---

12 Sabemos que o procedimento de Chomsky contribuiu para tornar mais rigorosa, mas mais dificilmente realizável também, a constituição de uma semântica, ao mostrar o caráter *indispensável* desta numa ciência geral da linguagem. Ver Mitsou Ronat, *Note pour une théorie de la forme des langues* (Nota para uma teoria da forma das línguas), em Hypothèses, *Change*, 1972.

126   INTRODUÇÃO ÀS LINGUAGENS TOTALITÁRIAS

diferentes partidos soviéticos, aos diversos grupos internos ou externos aos partidos presentes descobriria um espaço ao menos comparável, em riqueza semântica, à *rosa dos ventos* da *Nationale Bewegung* alemã dos anos de 1930 – e bem superior, evidentemente, a esta pelas implicações históricas que aí encontrar-se-iam designadas. O obstáculo técnico deve-se à extrema brevidade do período. O conjunto dessa produção de enunciados e de ações limita-se a alguns meses e mesmo, no essencial, a algumas semanas após o verão, enquanto a experimentação alemã desenvolve-se por vários anos – o decênio econômico ampliado, coberto por Weimar e sua República.

O decênio ampliado de Weimar e sua fronteira final de discurso não são menos decisivos na estratégia da história. Encontramos nele a experiência russa estendida e invertida: partindo de uma revolução dos sovietes ou dos Conselhos, desemboca num golpe de Kornilov (ou um putsch de Kapp) bem sucedido, levado à potência ideológica máxima por um desencadeamento sem precedentes de *narração ideológica*. Kornilovismo bem sucedido onde o binômio semântico do nacional-socialismo – ou, em sua versão esotérica, da revolução conservadora – reproduz na linguagem o que já era polaridade paradoxal ou duunvirato Kornilov-Savinkov, do qual restamnos sobretudo, com um pouco de linguagem, as fotografias.

A história aqui avança sem ler o que diz ou inscreve. Enquanto o caos prodigioso da Revolução russa é incessantemente submetido ao deciframento de *um* homem que o lê e que tem, para cada sequência, um código de interpretação – mesmo quando todas as consequências não estão compreendidas em suas previsões –, o tumulto alemão suspende, em todos os protagonistas, a possibilidade de escutar até mesmo sua própria versão. Poderíamos dizer que seu discurso espera ainda o verbo final da proposição... Brüning chega ao poder para integrar os nacionalistas alemães à coalizão e é deposto antes disso por eles. Von Papen aparece para introduzir os nacionais-socialistas na maioria e cai sob seu impulso. Schleicher é o homem da *domesticação* dos nazistas pela sua "ala esquerda" e é expulso pela irrupção da sua direita mais caracterizada. O doutor Schacht recita as benfeitorias da poupança e da iniciativa privada – e empurra para a cena aquele que irá, apesar dele, forçá-lo ao *déficit-spending*, à mais desmedida inflação de crédito. A entrada em cena do *Herói* é anunciada por um registro completamente diferente: não pela discussão econômica entre liberais clássicos e reformadores semikeynesianos ou marxizantes – mas o conto *maravilhoso* da narração *völkische* e do sadismo aplicado, segundo o preceito de Lanz, "até a castração".

A fórmula *esclarecedora* do Estado total que ao mesmo tempo pressagia, acompanha e relata esta chegada, antecipadamente torna possível e justifica a instituição da castração organizada na linguagem. Pelo mito, engendra o brusco relato que é *verdadeiro*: "Existem novamente párias na Europa".

2. Figuras

O método não tenta apenas apreender as linguagens mortas. Ensaia, o quanto pode, apreendê-las no próprio rosto que as emite.

Eis algumas dessas figuras, tendo ocupado o lugar de retransmissores no processo fundamental que se dava por objetivo a destruição organizada do rosto humano. Articuladores bem manifestos ou quase secretos, que conferem à linguagem em questão a aceitabilidade nas massas ou uma aceitação quase clandestina ao nível *do que se chama pensamento*. Eis alguns dos rostos sobreviventes carregando ainda consigo alguns traços da narração: Carl Schmitt e Otto Strasser, Ernst Jünger e Hugo Fischer, Gerhard Günther e Ernst Niekisch e, enfim, Ernst Forsthoff.

Carl Schmitt – pequeno homem de rosto jovial, retirado no seu vilarejo de Plettenberg, na Renânia-Vestfalia, após ter escapado por pouco às peripécias do processo de Nurembergue e experimentado "a salvação pela prisão".

Ele ri do conceito de *revolução conservadora*. Critica a ideia de que haja a possibilidade de um diálogo entre Ernst Jünger e Martin Heidegger, lembra-se ter escrito sobre este último,

130 INTRODUÇÃO ÀS LINGUAGENS TOTALITÁRIAS

numa entrevista em língua italiana, que era o *"leiteiro do Ser"* – *der Milcher des Seins*. Entre Heidegger e Jünger, apenas perlam algumas gotas desse leite. Ele precisa de passagem, que possui, datando dos anos de 1930, de seus anos de Berlim, toda uma correspondência de Heidegger a ele endereçada.

Também ri de Göring, que foi seu presidente, quando ele próprio fora designado membro do *Staatsrat*, o pretendido *Conselho de Estado* da Prússia, que não se reuniria praticamente nunca e não possuía nenhuma atribuição. Dessa instituição, assinala, "o principal interesse era a bandeirola" exibida na lateral do carro, que facilitava certas entradas e resolvia certas dificuldades.

(Esse rosto ri mais facilmente. A enunciação do *Estado total* o deixa particularmente bem-humorado.)

Otto Strasser – o homem que entreabria com desconfiança a porta para receber-me. E só a abriria inteiramente três dias mais tarde, apenas para responder às questões com uma espécie de avidez apressada.

À sua porta, em Munich-Schwabing*, Ainmillerstrasse, não se encontra escrito o seu nome. (Cabeça redonda e suspeitosa, na porta entreaberta, para acolher desafiadoramente qualquer um que viesse tocar.)

Aquele que abriu ao nazismo o caminho para a Alemanha industrial – o Ruhr, depois Berlim –, que tornou-o *aceitável* para as massas modernas – porque Munique era então a capital de uma Alemanha rural, provincial e por assim dizer subdesenvolvida, em estado de permanente excentricidade ideológica: bolchevista, depois fascizante, enfim anti-hitlerista –, responde-me de imediato por estas palavras: "Nós os *revolucionários...* Para um *revolucionário* como eu...".

Porém, no ardor de seu desenvolvimento, encadeará: "nosso princípio era que o século xx seria o *século do conservantismo* – o princípio do *nós*, substituído ao do *eu*". (Rosto jovial doravante, de quem se sente feliz por enunciar suas grandes ideias.)

---

* Bairro de Munique, de grande densidade populacional e historicamente conhecido como bairro de artistas, é muito frequentado por jovens devido à sua vida noturna e à presença da Ludwig Maximilians Universität (N. da E.).

FIGURAS 131

Fala-se dificilmente com Otto Strasser de seu período nazista, na redação dos *N.S. Briefe*. Entretanto, ele discorre facilmente sobre seu papel na chefia de uma *Centena vermelha*, face ao putsch de Kapp – ou de sua presença nos círculos nacionais-revolucionários ao lado de Jünger e de Hielscher, de Von Salomon e de Niekisch. As reuniões se davam frequentemente na casa de Niekisch ou no grande apartamento de Arnold Bronnen.

Ernst Jünger – disfarça-se, doravante, completamente.

Acolhe, com uma polidez cordial e fria, qualquer questão. No que concerne àqueles anos, não tem nenhuma resposta. Contrariamente a todos os outros, que foram condenados ao seu próprio passado, soube encontrar um passado novo. É o homem que descobriu a civilização em Paris – graças à Ocupação.

Quer o acaso que ele habite, no pós-guerra, na Casa do Guarda Nacional das Florestas, literalmente: o *Oberförsterei* de Wilflingen, dependência do castelo dos Stauffenberg na Suábia. Assim todos os sinais encontram-se confundidos. Os Stauffenberg são apenas parentes longínquos daquele que depositou, aos pés de Hitler, a bomba de 20 de julho de 1944: mas é seu nome. A respeito do *Oberförster*, do Guarda Nacional das Florestas das *Falésias de mármore*, discute-se ainda se designa Hitler ou Stálin.

Se for Hitler, Jünger descreveu anteriormente o combate desesperado dos resistentes alemães – ou aquele de Schleicher, pintado sob os traços de Braquemart. Se for Stálin, então Hitler é Braquemart e Jünger soube predizer a derrota dos exércitos alemães. De qualquer maneira, Jünger estava certo...

Único de todos os seus amigos sobreviventes dos anos de 1930 ou de 1920, encontrou um rosto que lhe permite nada dizer ao falar. Pode então permitir-se mostrar o arquivo de sua correspondência onde, na letra H, Heidegger precede Hitler de perto.

(Rosto com um sorriso elegante, atitude correta de oficial, andar rígido de ferido grave aposentado da ideologia.)

Caminha-se com ele no meio de framboeseiras, ao redor da *Oberföresterei*; com o autor de *Tempestades de Aço*. No alto da escada, armários inteiros contêm caixas *etiquetadas e arrumadas* repletas de insetos espetados.

Hugo Fischer – o retransmissor despercebido. Um daqueles que forneceram, discretamente, ao polo nacional-bolchevista seus *conceitos*: sua linguagem.

(Rosto enrugado pela ansiedade, discurso balbuciado.)

Agora *professor extraordinário* na Universidade de Munique: seu nome aparece nos quadros de horários, mas ninguém, entre os estudantes e na administração, tem ideia de sua existência. Na sala indicada nos quadros, ninguém jamais o viu.

Mora, contudo, de maneira real, numa casa agradável nos arredores da cidade. Ele vem me buscar na estação: aquele que chega é apenas um antigo professor inglês. Durante os primeiros anos do Terceiro Reich, viveu na Noruega e passou os anos de guerra na Índia, ensinando e escrevendo, por lá, as implicações da cultura mesopotâmica.

No começo dos anos de 1930, sua correspondência com Jünger acompanha de maneira decisiva –segundo o testemunho do antigo secretário de Jünger, Armin Mohler – o *Arbeiter* e sua doutrina: a mobilização total. Para Jünger, oficial desmobilizado e teórico selvagem, ele representa o especialista em temas nietzscheanos e hegelianos. Corrigia os conceitos para Jünger.

Retomou uma vaga ligação com Jünger. Com Niekisch, rompeu todos os elos. À questão: "Sua correspondência com Jünger será publicada?", responde modestamente: "Seguramente não, a parte de Jünger foi apreendida em minha casa e destruída pela Gestapo".

Mais balbucia do que fala.

De Carl Schmitt, cita estas palavras posteriores a 1933: "Ser apenas semiariano, é como ter apenas um olho". Assinala, rindo: "É dadaísmo" – *Es ist Dadaismus*.

Acrescenta: "Hesitava-se em contradizer Carl Schmitt, ele podia enviá-lo a um campo de concentração".

Gerhard Günther – aquele a quem Radek fazia referência quando improvisou o termo *nacional-bolchevismo*.

É o filho de Agnès Günther, esta amostra do *Jugendstil* romanesco. Irmão mais velho de Albrecht Erich Günther, animador e co-autor do livro *Aquilo que Esperamos do Nacional-socialismo*, em que se reagrupava a fina flor dos jovens-conservadores e

FIGURAS

dos nacionais-revolucionários. O mais jovem morreu tuberculoso durante a guerra. O mais velho é atualmente o conselheiro de uma comunidade evangélica em Hamburgo. (Tem o rosto de um pastor de cabelos brancos.)

Ele precisa: durante algumas semanas, do final de 1918 ao começo de 1919, Laufenberg "era o homem forte de Hamburgo". Fundou o grupo local – o *Ortsgruppe* – do Partido comunista alemão. Era um tribuno poderoso. Wolffheim permanecia sobretudo na sombra, era o teórico.

Quando da chegada do corpo franco, meu irmão e eu servimos de ligação entre eles e os oficiais. Éramos ambos oficiais.

Em seguida, havíamos projetado conduzir Laufenberg e Wolffheim a Berlim para fazê-los encontrar o conde Reventlow. Fizemos a viagem juntos, todos quatro. Reventlow recusou-se a receber-nos – a "receber um judeu": Wolffheim.

Ao redor dos anos de 1920, o círculo que havíamos fundado organizava conferências no imóvel da DHV (Sindicato dos empregados nacionais-alemães), em ligação com a *Hanseatische Verlags-Ansalt* e o *Deutsches Volkstum* de Stapel. No livro que publica nessa editora, Gerhard Günther é um usuário da fórmula *totale Staat*.

Sobre os irmãos Günther, Otto Strasser dizia um mês antes em Munique: "Não eram vistos jamais conosco em Berlim. Estavam mais *instalados* na sociedade". No entanto, precisa Gerhard Günther, "Niekisch veio fazer uma conferência para nós".

Ernst Niekisch – o sobrevivente completamente cego.

Na Berlim Ocidental, no bairro de Charlottenburg, ele vive de uma pensão que Berlim Oriental concedeu-lhe. Desde a construção do Muro e a ruptura das relações postais na cidade, entre as duas metades, precisava, neste ano de 1963, ir pessoalmente receber sua pensão: tomar o trem elevado e descer as escadas do S-Bahn, na Friedrichstrasse, para esperar nos corredores subterrâneos ter o direito de passar para o outro lado.

Há pouco tempo, sofre de uma semiparalisia. Está praticamente cego, consequência de sua existência concentracionária em Buchenwald. (O crânio calvo, com grandes órbitas vazias, olha diretamente à sua frente ao falar, articulando com grande dificuldade.)

Mostra-me a brochura que a Gestapo apreendeu desde a tomada do poder pelos hitleristas: *Hitler – Uma Fatalidade Alemã – Hitler, ein deutsches Verhängnis*. Descobre a página desenhada por A. Weber, na qual pode-se ver o povo alemão, em fila indiana, subir uma colina no topo da qual um precipício o espera; em baixo, um imenso caixão marcado com a cruz gamada .

Do que ele não se lembra – mas pode ser lido no seu livro – é que Hitler aí está denunciado efetivamente, mas como uma emanação da alma *latina* e uma astúcia do *Ocidente*. Queixa-se de que, apesar da apresentação desse livro no dossiê, o Ocidente recusou, em Bonn após a guerra, conceder-lhe uma pensão de resistente. Omite dizer o objetivo esboçado pelo livro: queimar Paris...

Crítica Hugo Fischer por suas reviravoltas. Quando da chegada dos nazistas, a Gestapo apreendeu seu *Lênin*, que era uma apologia. Agora, Fischer acaba de retomar, quase palavra por palavra, em sua última publicação – *Quem será o senhor da Terra? Wer wird Herr der Erde sein?* –, mas para inverter-lhe completamente o sentido.

Mostra o severo relatório que fizera, poucos anos antes, do livro de Shwierskott, acusando este último de ter atenuado ou apagado a responsabilidade política dos jovens-conservadores e do Clube dos Senhores na ascensão do nazismo. Pelo contrário, elogia o livro de Schüddekopf sobre os nacionais-revolucionários, sobre "os homens de esquerda da direita" – no qual estes são praticamente absolvidos no mesmo processo ideológico. Foi no entanto Schüddekopf quem demonstrou que Niekisch havia estado perto de tornar-se, por volta de 1930, por instigação de Gregor Strasser, o redator-chefe do diário nazista, o *Völkischer Beobachter*.

(Ar desvairado, calvo, sobrancelhas grossas e salientes, olhos mortos. Estende as mãos com gestos espasmódicos.)

Falta-me coragem para questioná-lo sobre as ligações de Joseph Goebbels com seu grupo, sobre suas visitas na casa de Arnold Bronnen, amigo comum, em especial, visitas que o próprio Niekisch relatou. Mas, fala de boa vontade de

Bronnen e da adesão deste ao NSDAP, do conflito que então surgiu entre eles.

Chega o momento, na entrevista, de falar de Ernst Toller que, em maio de 1919, sucedia Niekisch como chefe do soviete da Baviera. "Fui eu quem lhe disse para deixar a Alemanha quando Hitler tomou o poder".

À minha questão: "O senhor tinha então ao mesmo tempo ligação com os homens da tendência Toller e com os da tendência Bronnen? – Sim, eu era a ponte – *Ich war die Brücke*".

Ernst Forsthoff – o discípulo mais próximo de Carl Schmitt e o autor de *Der totale Staat*.

A alguns quilômetros de Heidelberg, leva uma existência tranquila desde que demissionou, em Chipre, do cargo de juiz constitucional ao qual o arcebispo Makarios o havia promovido. A discussão veemente no *Der Spiegel*, desencadeada por essa nomeação, encontra-se atualmente apaziguada.

As condições nas quais escreveu *O Estado Total* não são seu tema predileto de conversação. Por outro lado, responde com visível interesse a qualquer questão que se refira ao *Jungkonservative Klub* e seu ambiente.

"Éramos nós – os *Jungkonservative* – que redigíamos quase inteiramente a revista *Der Ring*. Na época, ao redor de 1930, Heinrich von Gleichen consagrava-se sobretudo às ligações políticas e mundanas do *Herrenklub*, quase não se ocupava mais da revista, a não ser para impor, por vezes, um artigo ou um editorial. É assim que apareceu, num dia de 1932, o artigo de um certo Sr. Lange, representante da grande indústria, sem que tenhamos sido informados. E foi este o motivo de nossa cisão. Todo nosso grupo passou ao *Deutsches Volkstum* de Stapel e dos irmãos Günther".

(Fisionomia astuta de professor que escuta um candidato falar?)

Nas reuniões do grupo aparecia também Edgar Jung – da *Deutsche Rundschau*: "Tinha uma fisionomia bronzeada, mediterrânea. Isso havia chamado minha atenção". O mesmo Jung que as SS abateram, em 30 de junho de 1934.

3. Ligações Transversais

Não é absolutamente conveniente, para o senso comum, que possa haver a mais remota relação entre esses reclusos inofensivos, ocupados em cultivar seus jardins, e o processo que tornou real o Terceiro Reich. No entanto, cada um deles foi um mensageiro, num determinado momento; cada um desses nomes colocou-se então (de maneira desigual) num lugar preciso da topografia. Com eles, reconstitui-se parcialmente a órbita percorrida. Forsthoff (e, próximo a ele, Carl Schmitt) para o polo *jungkonservativ*; Günther para o grupo "hanseático"; Otto Strasser, Jünger (e Hugo Fischer), Niekisch para os polos nacional-revolucionários ou nacional-bolchevistas. Não faltam aqui, como podemos observar, as ligações transversais, as *Querverbindungen*: assim, Günther, próximo dos jovens-conservadores e junto a quem estes se refugiam, tinha, no entanto, sido a referência de Radek quando este evocava a ameaça para o futuro da Terceira Internacional, de um *nacional-bolchevismo* "pequeno burguês e chauvinista" que se aliaria aos elementos mais reacionários do exército[1]. Porém, o termo torna-se, pelo contrário, um insulto ou um apelido

---

1 Ver *Langages totalitaires*, livro I, parte I, seção II.

138 INTRODUÇÃO ÀS LINGUAGENS TOTALITÁRIAS

na boca de Hitler, rompendo com Otto Strasser por causa do excessivo *socialismo* deste.

Não chega a ser o oscilador ideológico e seu *detonador* de linguagem do qual só aparece aqui o índice reduzido e praticamente extinto: com Niekisch, a ponte, *die Brücke*. Aquele que começou (e terminou) sua vida política às margens da extrema esquerda e que, em dado momento – como mostrou Schüddekopf – esteve prestes a tornar-se o redator-chefe do *Völkischer Beobachter*, pertence ao campo pelo qual vão e vêm as correntes alternativas da linguagem política, nas extremidades da "ferradura dos partidos"[2].

Evidentemente, aqueles com quem pudemos nos encontrar face-a-face – exceção feita a Otto Strasser – foram apenas mensageiros menores na topografia. As grandes transmissões, do lado do sinal JK (*Jungkonservativ*), foram retransmitidas através dos nomes de Gleichen, Edgar Jung, Von Papen, Kurt von Schröder – e Ribbentrop ou Göring. Do lado dos sinais NR (*nacional-revolucionários*) ou NB (*nacional-bolchevistas*), através dos nomes de Gregor Strasser (e de Otto) ou de Stennes – e de Joseph Goebbels ou de Röhm. Chega o momento no qual as duas linguagens opostas do Movimento nacional são levadas ao Clube dos Senhores e ao *Der Ring* por Von Papen e por Schleicher, com a intermediação de *Die Tat* e seu círculo. Não é a "nobre" combinação de Spengler e de Jünger que terá fornecido ao nacional-socialismo de versão hitlerista sua aceitabilidade inicial e final. No início, há uma tensão entre o polo de Munique (de Dietrich Eckart) e o polo strasseriano. E no final, nos derradeiros meses: a luta mortal entre os dois últimos chanceleres. Mas o campo imenso das linguagens emitidas e propagadas condensa-se em certos pontos nos quais descrições estruturais e transformações desenham-se mais claramente. Construir na língua um duelo (imaginário) Spengler-Jünger[3] ou reconstruir o duelo (efetivo) Von Papen-Schleicher é, efetivamente, tentar construir uma experimentação para nela fazer aparecer a operação. Os cortes ou a *prosódia* que se manifestam em certos segmentos

2 Idem, livro II, parte I.
3 No *Questionário* de Von Salomon, Jünger recusa-se a emigrar a Saturno porque Spengler já se encontra lá...

A DUPLA PRODUÇÃO

mais acentuados do campo deixam transparecer as possibilidades de reviravoltas e de permutações – o que Mann revelou como a *Verschränkheit*, o processo de entrecruzamento.

A DUPLA PRODUÇÃO

Seria legítimo mostrar que o entrelaçamento das linguagens foi apenas a emanação dos grupos sociais em conflito entrecruzado e das classes sociais em último lugar. Mas é uma ingenuidade concluir que a análise deveria se referir aos *próprios* grupos sociais, sem deter-se no plano secundário da língua. Equivale a dizer que a investigação física deveria, por razões ideológicas, ocupar-se de preferência *da matéria propriamente dita*, sem fazer um desvio supérfluo pelos fenômenos luminosos: seria declarar que doravante é preciso analisar as partículas materiais sem utilizar a câmara de Wilson, que comete a impertinência de fazer intervir na experiência estes elementos suspeitos e de aspecto um tanto *imaterial* (já que privados estranhamente de massa), as partículas luminosas. E, sem dúvida, ao nível da primeira física, em sua época cartesiana ou pós-cartesiana, podia-se manter a ilusão de poder estudar as leis dos corpos em movimento – as famosas bolas de bilhar – fazendo abstração da luz que as iluminava (mesmo se o bom senso podia perceber que dificilmente joga-se bilhar na escuridão total). Na era quântica, não é mais possível omitir o fato de que a emissão luminosa, se bem que *produzida* pelos campos da gravitação material, vai *produzindo* sobre eles efeitos (fotoelétricos) e o efeito de conhecimento (ou de *visibilidade*) em primeiro lugar.

Isso vale para a relação entre sociedades humanas e linguagens humanas, em condições de homologia demasiado impregnadas de sentido para serem puramente metafóricas. Era possível a Barnave assegurar, em geral, que os *interesses reais* e não as *ideias* levam ou determinam as massas "no caminho das revoluções". Mas afirmando isso, omitia dizer que seu discurso (e as *ideias* que emitia sobre os interesses bem *reais* da burguesia) produzia a maioria do 15 de julho e a adoção por ela do texto da *revisão* constitucional, bem como

140 INTRODUÇÃO ÀS LINGUAGENS TOTALITÁRIAS

essa linguagem efêmera – mas impressionante e mesmo mortal – que foi, no Campo de Marte, a bandeira vermelha da burguesia. O próprio da *ideologia burguesa* é ter tornado possível a percepção separada desses dois planos, porém mantendo uma cegueira teórica sobre a relação – dialética se quisermos – entre eles, precisamente na emissão da língua. (Essa relação só começando a ser explorada na sequência Tracy-Beyle, mas numa percepção completamente *ideológica*.) Quando Marx analisa a aparição dos *quanta de valor*, dos *Wertquanta*, precisando que são produzidos "como uma linguagem" – *wie eine Sprache*[4] – abre, pelo contrário, as possibilidades de uma análise teórica das relações entre os *corpos* sociais e suas *emissões*.

Permaneçamos atentos: uma emissão não é um reflexo. Torna-se um reflexo quando se choca com outro corpo. Se tentássemos usar analogias ópticas com precisão – uma vez que elas se introduzem incessantemente no discurso teórico e que já estão presentes na palavra *teoria* –, seria preciso mostrar o jogo de espelhos ideológicos entre grupos ou classes ou corpos sociais em confronto. Jogo do *contraespelho*, *Widerspiegelung*, para retomar o termo pelo qual Engels e, mais raramente, o próprio Marx, esboçaram essa óptica social e que teve sua fórmula, ultrajantemente simplificada, na afirmação segundo a qual a linguagem (literatura) seria o reflexo da sociedade[5]. E se nos referirmos a analogia – talvez fundamental, efetivamente – entre emissão luminosa e emissão de língua, é importante não omitir os *efeitos* daquela.

A experimentação dessas relações encontra-se, segundo nossa hipótese, na constituição dos campos de linguagem e sua referência – *narrativa*, precisamente – aos campos sociais que os produzem e sobre os quais produzem sua ação. O processo dessa *dupla produção* é nosso objeto.

Afirmar que vamos estudar o advento do Terceiro Reich no terreno das classes sociais e de suas lutas e *não* por intermédio *formal* das linguagens, é não dizer nada. Pois é precisamente privar-se do único meio de *verificação* e de exploração

4 K. Marx, *Das Kapital*, L. 1.
5 "A literatura é a expressão da sociedade": é a tese que um conservador, um certo Petitot , em 1807, opõe a Diderot e aos "horrores da Revolução"..

indefinidamente progressivo das hipóteses avançadas. Do apoio trazido pelos detentores do capital ao NSDAP, não nos resta *prova* alguma afora os discursos escritos ou os testemunhos publicados, já que as contas do "senhor do Tesouro do Reich" nazista, o Reichsschatzminister Schwarz, foram destruídas cuidadosamente quando da queda do Reich hitlerista (e ainda constituíam a inscrição de uma circulação econômica no plano da escritura: o ponto de contato entre as linguagens pesadas da economia e a linguagem); o que se encontra disponível à exploração só está presente pelas Memórias de Thyssen[6], nos discursos de Von Papen, de Schacht, de Göring, do próprio Hitler à Industrie Klub em 27 de janeiro de 1932 ou no Palácio Göring em 20 de fevereiro de 1933, ou ainda, em um outro nível que concerne aos planos de narração ideológica mais doutrinal ou *literária*: na conferência de Carl Schmitt diante dos honoráveis membros da União do Longo Nome, sobre o *totale Staat*. É nas linguagens que os golpes ao nível da metamorfose semântica descobrem-se como pré-articulados nas camadas mais profundas da sintaxe política. Quando, em seu discurso de Essen aos operários da Krupp, Göring exprime sem rir que o Sr. Krupp é o próprio tipo do Operário – do *Arbeiter* –, pressente-se que tal dito espirituoso diante de um auditório do Ruhr não pressupõe apenas uma certa forma de policiamento; é preciso que uma pré-linguagem, frequentemente *reescrita*, já tenha articulado as estruturas de proposições tais como esta a seguir:

Com Spengler:	• Todo alemão [é] conservador
	• Todo alemão é operário
Com Jünger:	• A nova *raça* [encarrega-se] da mobilização total
	• [A mobilização total] é a forma do Operário

Se em Essen, em 1933, o Sr. Krupp não *tem* mais operários, já que ele próprio *é*, por excelência, o Operário alemão, isso se deve ao fato de que, menos de dez anos antes e não longe de lá, os *NS Briefe* dos irmãos Strasser e de seu secretário

---

6 Fritz Thyssen, *I Paid Hitler* (*Eu Paguei Hitler*). New York: Farrar & Rinehart, 1941.

142   INTRODUÇÃO ÀS LINGUAGENS TOTALITÁRIAS

de redação Goebbels tinham começado a reescrever – e transformar – as proposições que circulavam no espaço compreendido entre o que descrevemos, de maneira estilizada, como o polo Spengler (Moeller) e o polo Jünger (Niekisch), ou ainda entre o polo do *Ständestaat*, falado na Motzstrasse de Berlim, no J. K. Klub e o polo do *Räterepublik*, falado em Munique no soviete da Baviera. Jamais o capitão Göring, membro eminente do Clube dos Senhores, teria podido tranquilamente constituir sua polícia secreta de Estado sem a preparação efetuada pelo triunvirato de Elberfeld – Gregor, Otto e Goebbels – na redação de suas *Cartas NS* e a sintaxe de sua narração ao nível da aceitabilidade de massa.

É necessário ou inevitável, mas não suficiente, o recurso à explicação pelas subvenções do Grande Capital. Assim, este último, como sabemos pelos poucos documentos de que dispomos, investiu no começo de 1930, de maneira privilegiada, grandes somas no *Konservative Volkspartei*. O KVP, no entanto, obtém apenas quatro cadeiras nas eleições, no momento em que o NSDAP efetua seu grande salto até cento e sete deputados. Falar aqui, diante destes dados, de um *fracasso*, do determinismo histórico é igualmente demasiado simples. Pois o *dinheiro* não produz diretamente votos – embora, como diz Marx citando Shakespeare, o dinheiro (ou o ouro) fala e até mesmo "fala em todas as línguas", *with every tongue* ou, na tradução de Schlegel, *in jeder Sprache*[7]. A falência eleitoral do KVP é contemporânea da importância estratégica que adquire, no mesmo momento, o polo cujos diversos componentes poderíamos reagrupar sob o signo HV, *Edições hanséatiques* (HVA.) financiadas pela DHV, ou o Sindicato dos Empregados de Comércio nacional-alemães, deputados conservador-populares ou aparentados, que convergem com os representantes do Landbund ou Liga dos Agrarianistas: esse complexo ideológico-político desempenha, como veremos, um papel decisivo nos três primeiros anos da década de 1930. Constitui o índice, em princípio, do deslocamento do conservantismo clássico nacional-alemão e o *sinal característico* da coalizão Brüning, que inaugurará o uso de um gabinete presidencial; é por onde

---

7   William Shakespeare, *Timão de Atenas*, citado no *Manuscrito de 1844* e no *Das Kapital*, 1,3.

passam Edgar Jung, para entrar em relação com Von Papen e Hermann Rauschning, seu amigo do Clube dos Senhores, para entrar no NSDAP, bem como o próprio Hitler, para ser apresentado ao chanceler. Enfim, o lugar "hanseático" editará sucessivamente os livros de Carl Schmitt, Forsthoff, Ernst Rudolf Huber, Gerhard Günther, do próprio Jünger – enfim do italiano Bortolotto –, isto é, da *série* na qual a fórmula *totale Staat* desenvolveu-se. O Complexo HV, lugar que se articula por um momento com a linguagem pesada da grande indústria, é também onde a linguagem do Estado total articula seu processo.

Isso quer dizer que é preciso entrar nesse processo, nesse processo fundamental de *narração*, para esclarecer o que ocorreu entre uma certa linguagem pesada da economia e uma certa forma ideológica do poder de Estado marcada pelo sinal hitlerista. Entrar nesse processo de linguagem não é abandonar o terreno das sociedades *reais*, dos grupos sociais em conflito e das classes em luta; muito pelo contrário, é ver esse terreno ser iluminado por mil sinais que indicam seus traçados – exatamente como os traçados *luminosos* da câmara de Wilson permitem explorar os movimentos *materiais* dos elementos. Muito mais: a linguagem pertence à materialidade da circulação social, todo significante (social) é, já diziam os estoicos, um *corporal*, um *somaton*. A linguagem, privada de massa material, é essa emissão da materialidade social que não cessa de produzir sobre ela ações, sínteses vivas ou ferimentos mortais: fotossíntese social ou efeito de *laser* ideológico…

Toda a superfície social, suas classes e grupos esclarecem-se no momento em que se ilumina diante de nossos olhos a ideologia alemã do Movimento nacional[8]. Eixo das classes médias (entre o sinal HV e os sinais do Movimento camponês); eixo dos grupos armados, entre os antigos combatentes do front e os jovens oficiais schleicherianos e seu Junge Front. O eixo que liga e opõe os mundanos do *Herrenklub* (e do polo JK) aos ativistas do Wiking Bund (e do polo NR) é também aquele que desvenda as transmissões semânticas entre a alta burguesia e o "pequeno burguês heroico", no interior do que Engels chamaria a *filistineria alemã*. O eixo *vertical (völkisch-*

---

8 Topografia que será explorada em *Langages totalitaires*, livro 1.

bündisch) das mitologias racistas e dos mitos próprios ao Movimento de Juventude parece justamente *escapar* às relações de classe, para substituí-las, estrategicamente, por valores completamente *imaginários* de classes de idade ideológicas – uma espécie de relação mítica juventude-ancestrais, pela qual poderão passar certos movimentos de linguagem: movimentos *sinusoidais* ou rotações *laterais* (Gauss), que contribuem para tornar possível a temível oscilação do discurso, na extremidade dos polos opostos da ideologia alemã. Oscilação que fará de 1932 o ano mais perigoso da história mundial.

Ao passo que, em outros lugares, os efeitos da oscilação econômica e da Grande Depressão abriam o período mais *internacionalista* da história americana, a *oscilação de línguas* produzirá no mesmo contexto, na Alemanha, o efeito H.

LIGAÇÕES TRANSVERSAIS

> *Que não me digam que a palavra seja pouca coisa em tais momentos. Palavra e ato são indissociáveis. A poderosa, a enérgica afirmação que reassegura os corações, é uma criação de atos; o que ela diz, ela produz.*
>
> JULES MICHELET,
> *Histoire de la Révolution française*, livro VIII, cap. III

> *A Rússia inteira aprendia a ler; lia política, economia, história... E que papel desempenhava a palavra! As "torrentes de eloquência" de que fala Carlyle a respeito da França eram apenas bagatelas perto das conferências, debates, discursos nos teatros, circos, estudos, clubes, salas de reunião dos sovietes, sedes dos sindicatos, casernas. Realizavam-se meetings nas trincheiras, nas praças dos vilarejos, nas fábricas.*
>
> JOHN REED,
> *Dez Dias que Abalaram o Mundo**, cap. I

Por mais violenta e decisiva, em escala planetária, que possa ter sido a catástrofe de 1933, preferiríamos ainda uma vez, que tal opção metodológica pudesse aplicar-se a uma revolução progressiva e liberadora, ao invés de uma contrarrevolução e uma regressão. Um ponto de vista semelhante permitiria explorar, de maneira precisa, a articulação da História com o poder da narração, estudando as revoluções de libertação proletária, o Outubro russo, a Revolução Cultural chinesa, o discurso sobre Moncada, texto inicial da revolução cubana descrito ironicamente, pelo seu autor, como um relato épico, um *narrativo épico*. Para além dos dois riscos simétricos – a concepção ingenuamente mecanicista do *determinismo econômico*, atribuída a Marx por engano e o culto do *texto*, forma apenas modernizada do velho culto dos *heróis* –, um método capaz de avançar nas duas vertentes, isto é, na *sociologia* das linguagens e na semântica da *história*, comprometer-se-ia a decifrar a materialidade do sentido lá onde, precisamente, este vem, segundo o termo de Pasternak, preencher inteiramente o século.

Gostaríamos igualmente que o método fosse capaz de desvendar o processo que pôde produzir as doenças desse sentido,

---

* Edição brasileira: *10 Dias Que Abalaram o Mundo*, trad. de Armando Gimenez, Porto Alegre: L&PM, 2002 (N. da E.).

146 INTRODUÇÃO ÀS LINGUAGENS TOTALITÁRIAS

aquilo que o xx Congresso do partido leninista convencionou chamar, por lítotes, o *culto da personalidade*. Quaisquer que sejam as similitudes maciças a nível das sequências terminais – sistemas concentracionários, execuções em cadeia, exterminações arbitrárias e maciças, Grandes Expurgos ou Noite dos Longos Punhais –, seria preciso tomar literalmente uma diferença semântica que os historiadores, sobretudo anglo-saxões, decidiram, com frequência, considerar como de menor importância. No entanto, o Estado fundado pelo Partido bolchevista nunca se *autodenominou totalitário*, como havia sido apontado, já nos anos de 1930, até mesmo por um exilado antissoviético[9]. Quando, após a guerra, no congresso de fundação do Kominform[10], o porta-voz da pior repressão ideológica da era stalinista, Jdanov, insistia sobre esse ponto, não se entregava a um exercício de humor negro. Esse traço negativo pertence, efetivamente, a essa constelação e não deveria em nenhum momento passar despercebido, para quem queira ter alguma chance de apreender o engendramento das estruturas efetivas do poder pelo processo fundamental que as sustenta.

O OSCILADOR DE LÍNGUAS:
O MODELO ITALIANO

Em comparação com as grandes exterminações hitleristas e stalinistas, o fenômeno italiano do *Estado totalitário* pode parecer quase anódino. No entanto, foi lá e não em qualquer outra parte, que o Estado totalitário surgiu na linguagem. E isso precisamente no campo de um oscilador de linguagens de funcionamento bem preciso. A esse respeito, e no movimento que o constitui, o *Stato totalitario* italiano é exatamente

---

9 B. Vyscheslavzev, *Marxismus, Kommunismus und totaler Staat*. Genf, Oekumenischen Rates für Praktisches Christentum, 1937, p. 104.

10 *A Situação Internacional*, relatório lido na conferência de informação dos delegados de diversos partidos comunistas, na Polônia, fim de setembro 1947 (*Pravda*, 22 out. 1947). Traduzido na *Documentation française*, Ministério da Juventude, Artes e Letras, 8 nov. 1947, p. 6: "Os imperialistas americanos... demonstram sua ignorância tentando apresentar a União Soviética como um país sobretudo *totalitário e antidemocrático*". P. 7: "*pressão* contínua sobre os Estados de democracia nova e exprimindo-se por falsas acusações de totalitarismo".

o protótipo do *totale Staat*: ter tomado como fio condutor *o critério do explícito* revelou-se eficaz. O disparador ideológico que funciona no seu ponto de partida tem até mesmo um nome bem definido: o sorelismo. E um lugar bem determinado: os sindicatos da *Unione sindacale*, na extrema esquerda do leque político. A campanha pela intervenção da Itália ao lado da Entente franco-inglesa e a querela do intervencionismo conduzem à fragmentação do movimento sindical soreliano: os anarquistas, os futuros comunistas como De Vittorio[11] permanecem sob o signo da extrema esquerda e do antimilitarismo; outros, na *Unione sindacale*, como Michele Bianchi, Edoardo Rossoni, Amilcar de Ambris passam paulatinamente por uma zona inicialmente indeterminada que vai tornar-se a extrema direita. Corridoni, o *arcanjo* do sindicalismo revolucionário de marca soreliana, animador do *Fascio d'Azione diretta* nas greves de 1912, foi morto no fronte: o fascismo dará seu nome à sua cidade natal, Corridonia.

Uma vez entrados, sem se darem conta, na órbita do que é denominado por vezes o Movimento Nazionale, os ativistas do sindicalismo revolucionário, futuros fundadores das corporações sindicais fascistas, encontram aí os ultraconservadores da Associação nacionalista: Corradini, Federzoni, Rocco. Estes, para quem a violência da guerra (nacional) deve levar à violência da revolução (social), associam-se àqueles para quem a guerra (imperial) *já* é a revolução (nacional). Estes, por sua vez, já enunciam a futura linguagem de Rosenberg: agosto de 1914 (abril de 1915, para os intervencionistas italianos) "é o começo da Revolução alemã".

Nessa polaridade, toma forma o que em março de 1919, ainda é apenas uma farsa futurista[12]: o PNF, o Partito Nazionale Fascista. Em seu eixo, por assim dizer, vertical, encontraremos, na base, os Hugenberg da política italiana, os velhos senhores nacionalistas próximos da grande indústria, no estilo de Salandra, o homem do Fascio parlamentar da Difesa nazionale e do telegrama da Confindustria durante a Marcha sobre

---

11 Secretário geral da C.G.I.L. depois da Segunda Guerra Mundial.
12 Os futuristas de Marinetti constituem cerca da metade dos presentes na primeira reunião *fascista* de março de 1919 em Milão, a alguns metros da Piazza del Duomo.

148 INTRODUÇÃO ÀS LINGUAGENS TOTALITÁRIAS

Roma – e no ápice, no ar rarefeito do imaginário político, o equivalente das *Bündische* do estilo George ou dos expressionistas de direita, os homens de D'Annunzio e os futuristas do Fascio politico-futurista. D'Annunzio seria um Stefan George que teria inventado os símbolos da prática: a camisa negra, a saudação romana, as corporações – e a *rivoluzione nazionale.*

Reencontramos, assim, a rosa dos ventos ideológicos do Movimento nacional e o oscilador semântico da ferradura dos partidos no modelo italiano. O oscilador é igualmente o meio pelo qual a linguagem da revolução foi transformada, ou mais exatamente, no sentido algébrico, *transmutada* na linguagem do conservantismo – assim como, poderíamos dizer, por esse *operador de passagem* que é o enunciado fundamental: a guerra é a revolução[13].

Por esse enunciado opera-se a transformação do Fascio d'Azione Diretta do pré-guerra soreliano em Fascio di Combattimento fascista do pós-guerra, passando pelo Fascio Interventista di Azione Rivoluzionaria. A transmutação do Fascio de uma forma na outra e pela operação de um terceiro – depois, (ou ao mesmo tempo) a rotação oscilante entre suas quatro versões: *F. rivoluzionario, F. di Combattimento, F. parlamentare, F. Futurista –,* constitui a operação de tipo matricial e o campo vibratório, através dos quais a língua produz história em estado nascente.

O REFERENTE ABSOLUTO

Embora não seja mais amedrontador e passe simplesmente por risível, o fascismo italiano não é apenas o lugar em que foi inventado o adjetivo *totalitario*: através dele, a *narração da guerra mundial tornou-se um transformador de linguagens.* A esse respeito e no uso mais pueril de seus gritos de guerra – *all' armi siam' fascisti –,* a pretensão por excelência do fascismo foi recompensada, ou seja, usar sem reserva a referência última da língua: à morte.

A fórmula desenvolvida do Movimento Nacional foi dada por Göring em seu decreto de 17 de fevereiro de 1933. Desde

---

13 Ver anexo de *Langages totalitaires,* livro II.

LIGAÇÕES TRANSVERSAIS

7 de fevereiro, dirigia-se verbalmente à polícia da Prússia para anunciar que acobertaria qualquer um que fosse levado a "puxar sua arma" no combate "contra a ralé e a canalha internacional" ou, numa linguagem mais clara, contra o que denominava-se então os partidos social-democrata e comunista alemães. Com essa ordem, passa à escritura para precisar que a polícia deve evitar qualquer processo contra as "associações nacionais", SA, SS e Capacete de Aço, mas deve ao contrário, se necessário, "fazer uso de suas armas sem hesitação".

Aquele que, ao contrário, por "falsos escrúpulos" for levado "a furtar-se a essa ordem" deve preparar-se para sofrer as consequências legais. O título com o qual o ministro do interior da Prússia publicará seu texto – *Decreto Sobre a Aceleração do Movimento Nacional* – *Förderung der nationalen Bewegung* – vem finalizar as sequências de linguagens desenvolvidas de Gleichen a Jünger, passando por Hugenberg e do *Ring* ao *Vormarsch*, passando pela cadeia de imprensa dos nacional-alemães. Esse acabamento efetua-se referindo-se ao poder de matar: ao *Todeskampf* que explicita mais claramente ainda o discurso de Frankfurt de 3 de março, o combate mortal "no qual coloco meu punho em vossas nucas".

A maioria socialista e a minoria comunista dos operários do Ruhr terão direito doravante a um *comissário especial para as províncias da Renânia e Vestfália*, mantido sobre sua nuca pelo punho do ministro, para permitir-lhe operar mais radicalmente essa combinação de línguas que transformará Krupp no tipo ideal do Operário alemão. Como assegurava Krieck, o jovem-conservador, que se tornou nazista, onde não há mais enunciado *verdadeiro*, onde o mito triunfou sobre o *logos* e sobre a oposição verdadeiro-falso, onde toda verificação de enunciados está interditada, onde só subsistem deslocamentos acelerados de relatos ideológicos e de seus referentes uns em relação aos outros, permanece apenas a medida *última* dada pela relação ao *referente absoluto*, junto ao qual todo enunciado pode atingir o limite de uma espécie de valor infinito: a morte.

O enunciado que se aproxima mais facilmente do referente absoluto é, estranhamente, o mais irreal, aquele que se move no eixo dos imaginários ideológicos, do qual Himmler tornar-se-á o emissor fundamental. Himmler, o antigo Artaman,

150   INTRODUÇÃO ÀS LINGUAGENS TOTALITÁRIAS

"combinação de *Wandervogel*[14] e de pedagogo frustrado", como assinalava Eugen Kogon. Poder-se-ia antes precisar: combinação de Migrador *bündische* e de sectário *völkische* – e tal combinação revela-se a portadora de bom grado da morte com seus enunciados. Tendo como tarefa mais urgente descobrir "todos os inimigos do nacional-socialismo, declarados ou não, [e de] aniquilá-los", assegurava desde o começo com uma pesada ironia que para isso estamos prontos a verter, não apenas nosso sangue, "mas também o dos outros". O discurso de Posen contará desavergonhadamente, em plena guerra mundial, de que maneira e em virtude de quais critérios, fundados numa espécie de hierarquia animal imaginária, o sangue de outrem foi por ele derramado numa escala até então desconhecida. O discurso himmleriano desconhece qualquer outra referência que não seja o aniquilamento.

Com Gritzbach, o hagiógrafo de Göring, que louvava seu *discurso conservador-revolucionário*, um homem do círculo de Himmler havia estabelecido a lista de proscrição para a noite de junho: lista que aniquilava as linguagens opostas de Edgar Jung e dos papenianos, de uma parte, de Röhm e dos strasserianos da SA, de outra. Esse homem era Theodor Eicke, promovido pouco depois a chefe da Inspeção dos Campos de Concentração[15]. O primeiro devia receber a investidura himmleriana para constituir, após o esmagamento das SA, as formações SS com a *caveira*. Enquanto os membros honoráveis da sociedade alemã, como Karl Anton Prinz Rohan e Alfred Krupp, ou certos frequentadores habituais do Clube dos Senhores, entravam de bom grado nas hostes da SS *geral*, a *Allgemeine SS*, ao menos até 1936 – os sobreviventes dos ativistas dos países bálticos ou dos corpos francos, como Höss, futuro comandante de Auschwitz, iriam juntar-se aos recrutas de toda origem para formar a *Totenkopf SS*. Estes últimos seriam, no império literal do Gabinete de Gestão Econômica, os

---

14 *Pássaro Migrador*, organização inicial do Movimento de Juventude alemão que tornar-se-á o *Bündische Jugend*.Ver *Langages totalitaires*, livro I, parte I, seção IV.

15 "Figuras como as de Eicke ou de Pohl eram de uma outra espécie... Eram grandes carroceiros, senhores para os que estavam em baixo, vassalos para os de cima e que forneciam todo o necessário para construir e conservar a penitenciária universal" (Eugen Kogon, *L'État S.S.*).

habitantes privilegiados desses espaços que designa estranhamente para nós, doravante, o termo *concentração*. Lá, entre os arames farpados e as torres no exterior do campo, haverá uma faixa de terreno, com alguns metros de largura, que será a dita *zona neutra* e sobre a qual, permanentemente, projetores e metralhadoras estarão apontados. Lá, perto dos arames farpados e torres, habitam de maneira privilegiada os homens com a caveira e lá também cessarão todas as combinações da língua e da narração.

Alguns ingênuos acreditaram ser útil sorrir quando os marxistas revolucionários introduziram, na língua do socialismo científico, a referência ao rosto humano – e isso na capital da ciência da linguagem e de sua fundação teórica, em Praga. Esqueceriam de enxergar-se, nos jogos de espelho da linguagem, por medo de perceberem a cabeça de touro num corpo de homem, já entrevista por um pré-socrático? Sua denegação dizia respeito, concomitantemente e apesar deles, a um fato surpreendente e simples: a *língua* é este músculo frágil e flexível, ligado aos bordos do rosto do homem e capaz de articular materialmente, como mundo, as diferenças das coisas.

Efetivamente, face ao rosto e face à língua, os corpos com cabeça de touro ou caveira só distinguem de bom grado as bordas da *zona neutra*, em que linguagem e visão tendem ao zero. Ao mesmo tempo, essa borda é aquela que Marx odiava prioritariamente, em que os escravos matam os escravos pelo senhor: por servilismo. Mas, face à força armada e servil, aquele que Bataille denomina *o homem da tragédia* morre, como o Che, com um rosto inesquecível.

Percorrer, a partir do enunciado totalitário primitivo, o processo fundamental de narração que, incansavelmente à obra nas línguas, compõe-nas e combina-as, para eventualmente desembocar na *zona neutra* da linguagem vazia e que leva à morte, solicita guardar os olhos fixos sobre "tudo o que se assemelhe ao rosto humano e às suas expressões de desejo ávido ou de alegre desafio diante da morte"[16].

---

16   G. Bataille, julho de 1938, *Pour un Collège de Sociologie.*

As cabeças sem rosto – "as cabeças sem cérebro das unidades Caveira" – foram o lugar a que chegaram certas formas no entrecruzamento das versões ideológicas. Lugar nulo, que a narração da história deve portar e desnudar. À qual a confrontação filosófica se mede.

E eis o que importa: pelo *relato que dá conta* da maneira pela qual se fez aceitável a opressão, começa a libertação.

Índice Onomástico

Abeken 32
Afanassiev 120
Aron, Raymond x
Austin, J.L. 65, 114n

Bachofen 85
Balzac, Honoré de 38
Barère, Bertrand 112, 113
Barnave, Antoine 114, 115, 119, 139
Barras, Paul (visconde de) 112
Bataille, Georges xxiv, 12n, 151
Baümler, Alfred 47
Bayle, Pierre 7
Baynes, N.H. 69n
Beaumanoir, Filippe (*sire* [senhor] de) xxiii
Benedetti 25, 27-29, 31, 32
Beyle, Henri 140
Bianchi, Michele 147
Billaud-Varenne, jean-Nicolas 117
Billig, J. 105
Bismarck, Otto von xiv, 24-29, 32n, 48, 93
Blum, Léon xviii
Bodin, Jean 14
Bogdanov, A. 21-23
Bonaparte, Napoleão 114
Bortolotto, Guido 69, 70, 80, 143

Boulainvilliers, Henri (conde de) 7, 8, 13, 14, 36
Bourgin, Georges 61n
Bracher, Karl Dietrich 39n, 61n, 66
Bronnen, Arnold 131, 134, 135
Brüning, Heinrich xiv, 126, 142

Cambises 120
Caprivi, Leo von 27
Chomsky, Noam xxv, 33n, 35n, 125n
Collot d'Herbois, Jean Marie 112
Constant, Benjamin 48, 49
Corridoni, F. 147
Costamagna, Carlo 56, 101, 102, 104
Croce, Benedetto 64

D'Annunzio, Gabriele 148
Daudet, Léon 53
De Ambris, Amilcar 147
De Vittorio 147
Deleuze, Gilles 92n
Dostoiévski, Fiodor 83
Dräger, H. 122
Dubos, Jean-Baptiste (abade) 7, 8, 13, 14
Duprat, Antoine (cardeal) 3

Eckart, Dietrich 123, 138
Eicke, Theodor 93, 150

154 INTRODUÇÃO ÀS LINGUAGENS TOTALITÁRIAS

Engels, Friedrich 8, 9, 14, 26, 29, 140, 143
Evola, Julius Cesare 61n

Farinacci, Roberto 57, 60, 61, 65
Favre, Jules 24
Federzoni, L. 57, 147
Fichte, Johann 48
Fischer, Eugen xix
Fischer, Hugo 129, 132, 134, 137
Forsthoff, Ernst xvi, 54, 55, 61, 62, 66, 69, 73, 75-77, 79, 91, 98, 129, 135, 137, 143
Francion 6
Frederico iii, imperador da Alemanha 28
Freud, Sigmund 84-87
Frick, W. xvii, 118

Gans, Eduard 50n
Gauss, Carl Friedrich 144
Gentile, Giovanni xvi, 53, 56, 57, 61, 64, 65, 68
George, Stefan 89, 122, 148
Gereke, G. 122, 123
Gisevius, H.B. 118
Gleichen Heinrich von 75, 135, 138, 149
Gobineau, Arthur (conde de) 13-15, 18, 23, 36
Goebbels, Joseph xvii, 17, 134, 138, 142
Gógol, Nicolas 83
Göring, Hermann xiii-xxii, 16n, 49, 93, 130, 138, 141, 142, 148, 150
Gramont (duque de) 24
Grégoire de Tours 6
Greimas, A.J. 25n
Gritzbach, Erich xv, 93, 150
Gross, Walter xxii, 105
Guattari, Félix 92
Guderian, Heinz xx
Guilherme i, rei da Prússia 25-28, 33
Guizot, François 9, 14, 113
Günther, Agnès 132
Günther, Albrecht-Erich 69, 132, 135
Günther, Gerhard 73, 129, 132-133, 135, 137, 143

Halle, Moris 123, 124
Harrington 48
Hassell, Fey von xviii
Hassell, Ulrich von xviii
Hegel, Friedrich 22, 48, 50, 54, 88,

91, 95
Heidegger, Martin xix, xxi, xxii, 15, 16n, 82, 105, 123, 129-131
Helles, Hermann xiv
Henriot, F. 112
Heródoto 110, 116, 117, 120
Hielscher, F. 120, 131
Himmler, Heinrich xx, 93, 149, 150
Hindenburg, Paul von xiv, xv, 50
Hitler, Adolf xiii-xv, xvii, xviii, xx, xxi, xxiv, 45, 55n, 66, 86, 87, 90, 93, 124, 131, 134, 135, 138, 141, 143
Hjelmslev, L. 109
Hofmannsthal, Hugo von 74, 89
Höss, R. 150
Hotman, François 7, 8, 10, 13, 14
Huber, Ernst Rudolf 73, 143
Hugenberg, A. 147, 149

Ibsen, Henrik 83
Isócrates xxv

Jaentsch 105
Jakobson, Roman xxvn, 22, 33n, 121n
Jdanov, André 146
Juglar, Clément 15, 38
Jung, Edgar Julius 90-94, 121, 135, 138, 143, 150
Jung, Ernst 74
Jünger, Ernst 47, 52, 54, 67, 74, 75, 77, 82, 91, 104, 118, 119, 122-124, 129-132, 137, 138, 141-143, 149

Kapp, W. 126, 131
Keyser, Samuel J. 123, 124
Khlébnikov, V. 25, 109
Koellreutter, Otto 73, 98
Kogon, Eugen 150
Kondratieff, N.D. 119n
Kornilov 126
Krieck, Ernst xxii, 15-18, 20, 23, 36, 41, 73, 103, 105, 149
Krupp, Alfred 141, 149, 150

Lacan, Jacques 87, 92n
Lanz von Liebenfels, G. 13n, 123, 127
Laufenberg, H. 133
Lautenbach, W. 122, 123
Leiris xxiv
Lênin, Vladimir 20-22, 36, 81, 82, 96
Leverkühn, Adrian 94
Liebknecht, Karl 31, 36, 49

ÍNDICE ONOMÁSTICO

Liebknecht, Wilhelm 24-34, 36
Locke, John 94
Lojacono, Luigi 61n
Lotman, Iouri 14n
Luís Filipe de Orléans 8, 49-50
Loyseau 7
Lukácz, György 73
Lutero, Martin 84
Luxemburgo, Rosa 31

Mably, Gabriel de 3, 7-14, 22, 36, 113
Mallarmé, Stéphane 3, 15, 65
Maneton 120
Mann, Thomas 74, 80, 82-89, 94, 95, 139
Manheim, Karl 71-73
Mao Tse Tung 109
Marinetti, Filippo 147n
Marr, Wilhelm 14
Marx, Karl xxiii, xxv, 9, 11, 14, 15, 18-20, 26, 29, 33, 34, 36, 38, 91, 95, 110, 114, 140, 142, 145, 151
Maspéro, Gaston 120
Matteotti, Giacomo 57-59, 64
Mengele, Joseph xix
Merejkowski, D. 83
Michelet, Jules 3, 115n, 145
Moeller van den Bruck, A. xv, 54, 74, 75, 79, 80, 82, 83, 90, 142
Mohler, Armin 132
Moltke, Helmuth von 24, 25, 28, 30, 32, 41
Montesquieu, Charles (barão de) 7, 13
Montlosier, François (conde de) 9, 13-15
Mukarovski, J. xxv
Münzenberg, W. 118n
Mussolini, Benito xvi, 53, 56-61, 64-69, 73n, 100

Napoleão xvii
Niekisch, Ernst 129, 131-135, 137, 138, 142
Nietzsche, Friedrich 36, 37, 47, 83, 84, 88, 91
Novalis, Friedrich 85

Ollivier, Émile 27, 32-34

Papen, Franz von xiv-xvii, xxi, 49, 74, 75, 90, 94, 121, 122, 126, 138, 141, 143
Pasternak, Boris xxvn

Poe, Edgar 88
Postal, P. xxv
Propp, V. 120

Radek, Karl 45, 132, 137
Radziwill (príncipe) 27, 32
Rathenau, Walther 83, 84
Rauschning, Hermann 70n, 74, 89, 90, 143
Reed, John 145
Reich, Wilhelm 86, 87, 92n
Reinhardt, F. 122
Reventlow, E. (conde) 133
Ribbentrop, Joachim von 138
Rigault, Raoul 96
Robespierre, Maximilien de 112, 118, 121
Rocco, Alfredo 63-65, 68-70, 80, 94, 147
Roche, A. 112n
Rohan, Karl Anton Prinz (príncipe) 68, 150
Röhm, Ernst 121, 138, 150
Ronat, Mitsou 125n
Roon, Albrecht von 24, 25, 41
Rosen, Harry von 99
Rosenberg, Alfred 15, 36, 74, 94, 105, 147
Rossoni, Edoardo 147
Rothschild, James de 38
Rousseau, Jean-Jacques 94, 113
Roy, Joseph 11, 19

Saint-Just, Louis-Antoine 117, 118, 121
Salandra, A. 147
Salomon, Ernst von 38, 131, 138
Sauer, Wolfgang 39n
Savinkov, B. 126
Schacht, Hjalmar 38-42, 47, 122, 126, 141
Schicklgruber (Hitler) 86
Schleicher, K. von xiv, xv, 122, 126, 131, 138
Schmeitzner, E. 36
Schmitt, Carl xiii-xxii, 47-54, 66-69, 73, 98, 129, 132, 135, 137, 141, 143
Schoeps, H.J. 119
Schopenhauer, Arthur 84, 88
Schott, Rodolfo 59n
Schriedmair, Rolf 99
Schröder, Kurt von 138
Schüddekopf, O. E. 120, 134, 138
Schulz, Gerhard 39n
Schumpeter, J. 119n

156 INTRODUÇÃO ÀS LINGUAGENS TOTALITÁRIAS

Schwarz, Hans 79, 80, 141
Schwierskott, H. J. 119, 134
Shakespeare, William 142
Shaumjan, S. K. 33n
Sieyès (abade) xviii, 14, 48
Sismondi, Jean-Charles de 15, 38
Sombart, Nicolaus xv
Sorel, Charles 6
Spengler, Oswald 38, 119, 122, 124, 138, 141, 142
Spiethoff, A. 119n
Spinoza, Baruch 10, 20n, 48, 113
Stálin, Joseph xv, xviii, 96, 131
Stapel, W. 133, 135
Stauffenberg 131
Stein, Lorenz von 49
Stendhal 113
Stennes, W. 138
Stöcker (pastor) 27, 28
Strasser, Gregor 18, 134, 138, 141
Strasser, Otto 18, 74, 122, 12+-131, 133, 137, 138, 141
Strauss, Leo xxii
Stuckart, Wilhelm 98

Tallien, Jean-Lambert 117, 118, 121
Thibaudeau, A. 48
Thierry, Augustin 8, 9, 12-14, 37, 45, 117

Thomas (coronel) 47
Tucídides 33, 109, 117, 124
Thyssen, Fritz xviii, 47, 141
Tobias, Fritz 118n
Toller, Ernst 135
Tracy, Desdutt de 113, 140
Treviranus 89n
Triepel, H. 48-51
Tripodi, Nino 100
Trotha, von 105

Van der Lubbe, M. 118n
Vico, Giambattista 100
Vögler, A. 122
Volpe, Gioacchino 57, 59n, 61
Vyscheslavzev, B. 146n

Wagemann, E. 41, 42
Wagner, Richard 14, 122, 123
Weber, A. 134
Weber, Max 49, 68n, 73
Weisgerber, L. 72
Weizsäcker, Richard von xxii
Wolffheim, F. 133
Woytinsky, W. 119n, 122

Zehrer, Hans 74, 122, 123
Ziegler, Heinz Otto 74

POLÍTICA NA PERSPECTIVA

Peru: da Oligarquia Econômica à Militar
Arnaldo Pedroso D'horta (D029)

Entre o Passado e o Futuro
Hannah Arendt (D064)

Crises da República
Hannah Arendt (D085)

O Sistema Político Brasileiro
Celso Lafer (D118)

Poder e Legitimidade
José Eduardo Faria (D148)

O Brasil e a Crise Mundial
Celso Lafer (D188)

Do Anti-Sionismo ao Anti-Semitismo
Léon Poliakov (D208)

Eu Não Disse?
Mauro Chaves (D300)

Sociedade, Mudança e Política
Hélio Jaguaribe (E038)

Desenvolvimento Político
Hélio Jaguaribe (E039)

Crises e Alternativas da América Latina
Hélio Jaguaribe (E040)

Os Direitos Humanos como Tema Global
José Augusto Lindgren Alves (E144)

Norbert Elias: A Política e a História
Alain Garrigou e Bernard Lacroix (orgs.) (E167)

O Legado de Violações dos Direitos Humanos
Luis Roniger e Mário Sznajder (E208)

Os Direitos Humanos na Pós-modernidade
José Augusto Lindgren Alves (E212)

A Esquerda Difícil
Ruy Fausto (E239)

Introdução às Linguagens Totalitárias
Jean-Pierre Faye (E261)

A Identidade Internacional do Brasil e a Política Externa Brasileira
Celso Lafer (LSC)

Joaquim Nabuco
Paula Beiguelman (LSC)

Este livro foi impresso em São Paulo,
nas oficinas da Yangraf Gráfica e Editora Ltda.,
em março de 2009, para a Editora Perspectiva S.A.